中国建筑业改革与发展研究报告(2017)

——变革生产方式与加快转型步伐

住房和城乡建设部建筑市场监管司
住房和城乡建设部政策研究中心 编著

中国建筑工业出版社

图书在版编目(CIP)数据

中国建筑业改革与发展研究报告（2017）——变革生产方式与加快转型步伐/住房和城乡建设部建筑市场监管司，住房和城乡建设部政策研究中心编著.—北京：中国建筑工业出版社，2017.11
 ISBN 978-7-112-21308-5

Ⅰ.①中… Ⅱ.①住…②住… Ⅲ.①建筑业—经济体制改革—研究报告—中国—2017②建筑业—经济发展—研究报告—中国—2017 Ⅳ.①F426.9

中国版本图书馆CIP数据核字(2017)第245140号

中国建筑业改革与发展研究报告
(2017)
——变革生产方式与加快转型步伐

住房和城乡建设部建筑市场监管司
住房和城乡建设部政策研究中心 编著

*

中国建筑工业出版社出版、发行(北京海淀三里河路9号)
各地新华书店、建筑书店经销
北京佳捷真科技发展有限公司制版
北京富生印刷厂印刷

*

开本：787×960毫米 1/16 印张：6¾ 字数：104千字
2017年11月第一版 2017年11月第一次印刷
定价：**36.00元**
ISBN 978-7-112-21308-5
(31024)

版权所有 翻印必究
如有印装质量问题，可寄本社退换
(邮政编码 100037)

本书由住房和城乡建设部建筑市场监管司和政策研究中心围绕"变革生产方式与加快转型步伐"这一主题进行编写。全书共五章，分别从中国建筑业发展环境，中国建筑业发展状况，优化发展环境、促进行业发展，加快转型步伐、构建发展优势，变革生产方式、促进转型升级五方面进行了详细的阐述。附件给出了国务院办公厅关于促进建筑业持续健康发展的意见、国务院办公厅关于大力发展装配式建筑的指导意见、2016—2017年建筑业最新政策法规概览及部分国家建筑业情况。

本书对于建筑业企业领导层及管理人员明确建筑业的发展方向有很好的参考作用。

责任编辑：王　梅　李天虹
责任校对：李美娜　张　颖

编 写 说 明

《中国建筑业改革与发展研究报告（2017）》在编撰单位的努力和建筑业各行业协会、企业、媒体、相关单位的大力支持下，继续得以与行业内外读者见面。本期报告有如下几个特点：

1. 围绕既定主题编写。本期报告的主题是"变革生产方式与加快转型步伐"。随着经济发展进入新常态、新型城镇化建设、加强供给侧结构性改革、资源环境约束趋紧、劳动力稀缺逐渐上升，建筑业粗放发展模式难以为继，提质增效、转型升级更加紧迫。党中央、国务院高度重视建筑业改革发展，《国务院办公厅关于促进建筑业持续健康发展的意见》、《国务院办公厅关于大力发展装配式建筑的指导意见》的出台，对促进建筑业持续健康发展具有重要意义。2016年以来，国家在推动装配式建筑发展方面的力度大大加强。装配式建筑是建筑业生产方式的重大变革，对促进建筑业转型升级、保障工程质量、提高建筑品质具有重要意义，对节能减排、缩短建设周期、提高生产效率、节约人力资源具有积极作用。目前，建筑业生产方式依旧粗放，资源消耗高，标准化程度低，装配式建筑仍处于起步阶段。转变粗放发展模式、大力推广装配式建筑、实现低耗环保及高效生产刻不容缓，也是大势所趋。本期报告在反映建筑业常规发展状况的基础上，集中反映了上述内容。

2. 报告的框架内容。围绕主题，报告由五个部分组成。第一部分分析2016年以来我国的宏观经济形势以及工程建设政府监管的工作成果；第二部分全面反映2016年我国建筑业包括建筑施工、勘察设计、建设监理与咨询、工程招标代理、对外承包工程等方面的发展状况，反映这一时期的质量安全形势；第三部分反映政府推动建筑业改革发展的情况；第四部分反映建筑业企业在改革发展、转型升级方面的探索实践；第五部分分析装配式建筑的发展现状，提出推进装配式建筑发展、促进

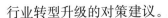

行业转型升级的对策建议。

3. 以广义的工程建设承包服务主体为对象。 2017报告以广义的工程建设承包服务主体为对象。虽然建筑施工与勘察设计、工程监理及招投标代理等咨询服务属于不同的产业分类领域，但在工程建设领域活动中，形成了紧密关联、相互依托的广义建筑业内涵。所以本报告仍然以包括建筑施工、勘察设计、工程监理和相关咨询服务业为对象。

4. 诚挚致谢。 在撰写报告期间，编撰单位召集建筑企业部分专家进行了形势分析和研讨，各位专家从不同角度对建筑业发展形势进行了分析。报告还采用了《中国建设报》、《建筑时报》等媒体的一些信息，在这里向各位专家、相关媒体致以诚挚谢意。

由于时间紧迫，工作量大，在编写过程中，难免有一些疏漏和不完善的地方，敬请读者加以指正。

住房和城乡建设部建筑市场监管司
住房和城乡建设部政策研究中心

目　录

第一章　中国建筑业发展环境 ... 1
一、宏观经济环境 ... 1
（一）国民经济实现"十三五"良好开局 ... 1
（二）深化改革开放增强发展活力 ... 1
（三）固定资产投资缓中趋稳 ... 2
二、政府监管与服务 ... 3
（一）建筑市场 ... 3
（二）质量安全 ... 7
（三）工程建设标准定额 ... 12
（四）地方政府举措 ... 17

第二章　中国建筑业发展状况 ... 27
一、发展特点 ... 27
（一）产业规模稳中有进 ... 27
（二）建筑业增速稳步回升 ... 27
（三）企业分化明显 ... 27
（四）转型步伐加快 ... 28
（五）市场环境不断优化 ... 28
二、建筑施工 ... 28
（一）规模分析 ... 28
（二）效益分析 ... 30
（三）结构分析 ... 30
三、勘察设计 ... 36
（一）规模分析 ... 36

（二）结构分析 ……………………………………………… 37
　四、工程服务 …………………………………………………… 37
　　（一）工程监理 ……………………………………………… 37
　　（二）工程招标代理 ………………………………………… 39
　　（三）工程造价咨询服务 …………………………………… 41
　五、对外承包工程 ……………………………………………… 42
　六、安全形势 …………………………………………………… 43

第三章　优化发展环境　促进行业发展 …………………… 45
　一、政府高度重视 ……………………………………………… 45
　二、推进简政放权 ……………………………………………… 46
　三、减轻企业负担 ……………………………………………… 47
　四、规范建筑市场 ……………………………………………… 48

第四章　加快转型步伐　构建发展优势 …………………… 50
　一、改善结构优化供给 ………………………………………… 50
　二、抢抓机遇推进转型 ………………………………………… 52
　三、创新提升竞争优势 ………………………………………… 54
　四、大力拓展海外市场 ………………………………………… 55

第五章　变革生产方式　促进转型升级 …………………… 58
　一、发展装配式建筑是大势所趋 ……………………………… 58
　　（一）建筑业发展面临的形势 ……………………………… 58
　　（二）发展装配式建筑是建筑业转型升级的有效途径 …… 59
　二、装配式建筑发展现状 ……………………………………… 59
　　（一）政府积极推动 ………………………………………… 59
　　（二）企业探索实践 ………………………………………… 68
　三、装配式建筑发展中存在的突出问题 ……………………… 70
　　（一）政策扶持力度尚需加大 ……………………………… 70
　　（二）技术标准体系尚需完善 ……………………………… 70
　　（三）工程建设模式有待创新 ……………………………… 70
　　（四）人才队伍水平有待提升 ……………………………… 70
　四、推进装配式建筑发展的对策建议 ………………………… 71

（一）加大政策扶持力度 ·· 71
   （二）完善技术标准体系 ·· 71
   （三）创新工程建设模式 ·· 71
   （四）加大人才培养力度 ·· 72
附录 1 国务院办公厅关于促进建筑业持续健康发展的意见 ······ 73
附录 2 国务院办公厅关于大力发展装配式建筑的指导意见 ······ 80
附录 3 2016—2017 年建筑业最新政策法规概览 ···················· 85
附录 4 部分国家建筑业情况 ··· 95

第一章 中国建筑业发展环境

一、宏观经济环境

(一) 国民经济实现"十三五"良好开局

2016年,面对错综复杂的国内外经济环境,党中央、国务院坚持稳中求进工作总基调,坚持新发展理念,以推进供给侧结构性改革为主线,适度扩大总需求,坚定推进改革,妥善应对风险挑战,国民经济运行缓中趋稳、稳中向好,实现了"十三五"良好开局。全年国内生产总值744127亿元,比上年增长6.7%;城镇新增就业1314万人;居民收入稳定增长,城镇居民人均可支配收入实际增长5.6%,农村居民人均可支配收入实际增长6.2%。

(二) 深化改革开放增强发展活力

2016年,围绕处理好政府和市场关系这一经济体制改革的核心问题,持续推进简政放权、放管结合、优化服务改革。2016年又取消165项国务院部门及其指定地方实施的审批事项,清理规范192项审批中介服务事项、220项职业资格许可认定事项。深化商事制度改革。推动国有企业调整重组和混合所有制改革。深化资源税改革。积极扩大对外开放。推进"一带一路"建设,与沿线国家加强战略对接、务实合作。人民币正式纳入国际货币基金组织特别提款权货币篮子。"深港通"开启。完善促进外贸发展措施,新设12个跨境电子商务综合试验区,进出口逐步回稳。推广上海等自贸试验区改革创新成果,新设7个自贸试验区。

2016年,注重保障和改善民生。出台新的就业创业政策,扎实做好重点人群、重点地区就业工作。全国城镇棚户区住房改造开工606万套，棚户区改造和公租房基本建成 658 万套。

（三）固定资产投资缓中趋稳

2016 年，全社会固定资产投资 606466 亿元，比上年增长 7.9%（表 1-1、图 1-1、图 1-2）。其中，固定资产投资（不含农户）596501 亿元，增长 8.1%。东部地区投资 249665 亿元，比上年增长 9.1%；中部地区投资 156762 亿元，增长 12.0%；西部地区投资 154054 亿元，增长 12.2%；东北地区投资 30642 亿元，下降 23.5%。

2012—2016 年固定资产投资、建筑业总产值规模及增速　　表 1-1

类别/年份	2012	2013	2014	2015	2016
固定资产投资（亿元）	374695	444618	512021	562000	606466
固定资产投资增速（%）	20.3	19.1	15.2	9.8	7.9
建筑业总产值（亿元）	137217.86	160366.06	176713.42	180757.47	193566.78
建筑业总产值增速（%）	17.8	16.9	10.2	2.3	7.1

数据来源：固定资产投资数据引自国家统计局《2016 年国民经济和社会发展统计公报》；建筑业总产值数据引自国家统计局《中国统计年鉴》、《2016 年建筑业企业生产情况统计快报》。

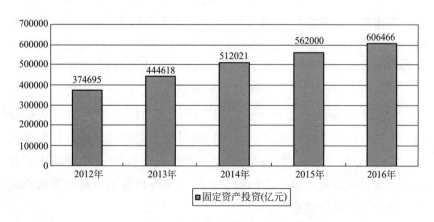

图 1-1　2012—2016 年全社会固定资产投资规模图示

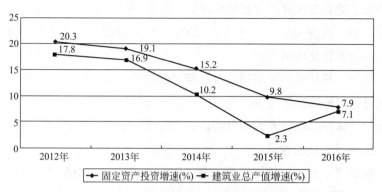

图 1-2　2012—2016 年固定资产投资增速、建筑业总产值增速图示

二、政府监管与服务

(一) 建筑市场

2016年，住房城乡建设部以深化建筑业改革为主线，以促进建筑企业发展为目标，以健全建筑市场机制为手段，继续推进工程质量治理两年行动，加大对违法违规行为的处罚力度，深入推进行政审批制度改革，推动建筑业创新发展。

1. 全面推进行业改革和发展

深化建筑业改革。 赴地方和企业施工一线深入开展调查研究，多次组织召开专题座谈会和专家讲座，听取各方对促进建筑业改革发展的意见和建议，起草完成《我国建筑业改革发展调研报告》，系统总结了建筑业近40年来的发展经验，梳理了制约建筑业发展的十个主要矛盾和问题，提出了解决思路和措施。在深入调研的基础上，起草完成推进建筑业改革发展的文件报国务院。

创新发挥建筑师作用机制。 完善建筑设计招投标决策机制，增加选择设计团队的招投标形式，建立更加符合建筑设计特点的设计招投标制度，并在冬奥会延庆赛区、张家口赛区工程建设项目的设计招标中开展设计团队招标试点；推进建筑师负责制，完成《建筑师负责制制度研究报告》和《关于推进建筑师负责制管理模式的若干意见》(初稿)，指导上海市在浦东新区开展建筑师负责制试点；印发《关于促进建筑工程设计事务所发展有关事项的通知》，简化建筑工程设计事务所资质标准，进一步激发建筑师活力。

推进工程招投标和监理制度改革。 推进招投标制度改革，研究缩小必须进行招标的工程建设项目范围，开展最低价中标办法及配套措施课题研究；推进监理行业改革发展，起草完成《关于促进工程监理行业转型升级创新发展的意见》。

做好"十三五"规划编制工作。 编制建筑业、工程勘察设计行业发展"十三五"规划，总结建筑业、工程勘察设计行业"十二五"发展成果，贯彻落实党的十八大精神，进一步明确新常态下"十三五"发展的指导思想、发展目标和主要任务，促进建筑业和勘察设计行业健康持续发展。

2. 着力增强企业市场主体活力

营造促进企业发展的政策环境。 印发《关于建立建筑企业跨省承揽业务活动监管省际协调联动机制的通知》，建立省际协调联动机制，协调解决建筑企业在跨省承揽业务活动中的困难和问题，推动建筑市场统一开放。积极推行工程担保，开展"工程担保在工程建设领域的应用"专题研究和工程担保专项调研，起草《工程建设银行保函情况报告》。在分析整理各地施工许可办理条件的基础上，研究制定简化施工许可管理工作方案，进一步精简施工许可申请材料，推行网上办理，提高审批效率。

积极推进工程总承包发展。 出台《关于进一步推进工程总承包发展的若干意见》，围绕进一步推进工程总承包发展，从加大推进力度、完善制度、提升能力和水平、加强组织实施等四个方面提出20项具体政策和制度措施；在浙江、上海等8个省市开展工程总承包试点，指导地方制订工程总承包试点方案，以房屋建筑和市政基础设施工程为重点，积极推动工程总承包在具备条件的地区的试点先行和引领示范作用。

清理规范工程建设领域保证金。 住房城乡建设部会同财政部组织各地清查工程建设领域保证金收取情况，起草完成关于建筑业企业缴纳各类保证金情况报告以及保证金清理工作建议报国务院，以国办名义印发《关于清理规范工程建设领域保证金的通知》（国办发〔2016〕49号）。联合财政部、人社部召开电视电话会议，并会同财政部印发《关于切实做好清理规范工程建设领域保证金有关工作的通知》,部署并督促各地开展保证金清理工作。截至 2016 年 12 月底,各地累计退还建筑业企业各类保证金 496.5 亿元,其中,应取消的保证金 280.8 亿元;逾期或超额收取的投标、履约、工程质量、农民工工资等 4 类保证金共计 215.7 亿元。各地建筑业企业运用银行保函替代现金形式保证金近 1200 亿元,盘活了企业流动资金,企业反响良好。

推进建筑用工制度改革。住房城乡建设部推进建筑劳务用工制度改革试点,批复同意浙江、安徽、陕西 3 省开展建筑劳务用工管理改革试点。推动农民工实名制管理,指导中国建筑业协会在中建系统开展建筑工人信息管理试点。

3. 大力加强建筑市场监管

推进法律法规制度建设。住房城乡建设部完成《勘察设计注册工程师管理规定》等 7 部规章局部修订工作;修订完成《建筑工程设计招标投标管理办法》;开展《工程监理企业资质管理规定》《注册监理工程师管理规定》《注册建造师管理规定》等规章修订工作;会同国家工商总局印发《建设工程勘察合同示范文本》,进一步完善建筑市场监管法规体系。

完成工程质量治理两年行动。住房城乡建设部分 3 批对全国 30 个省、自治区、直辖市(西藏自治区除外)开展建筑市场执法检查,共检查项目 180 个,检查组共反馈书面意见 759 条,对违法违规行为较为严重的 19 个项目下发了《建筑市场执法建议书》,并对违法违规典型案例进行了通报;汇总通报各地开展打击建筑施工转包违法分包行为工作情况,一年来各地共检查项目 425630 个,检查建设单位 302498 家次,检查施工单位 330245 家次,检查中发现存在违法行为的项目 5274 个;总结两年来打击建筑施工转包、挂靠、违法分包等市场违法行为工作经验,加强长效机制建设,起草完成《建筑工程施工发包与承包违法行为认定查处管理办法(征求意见稿)》。

加强建筑市场动态监管。推动建筑市场诚信体系建设,研究起草建筑市场信用管理相关制度,加强信用信息公开共享,与相关部门开展信用联合惩戒。加强建筑市场监管与诚信信息系统建设,完成全国 31 个省市基础数据库建设验收,初步实现部省数据互联共享,上线运行新版全国建筑市场监管公共服务平台。系统核查全国工程监理企业资质达标情况，责成22个省级住房城乡建设主管部门对326家严重不达标监理企业督促其限期整改，并对其在监项目的监理职责履行情况开展现场监督检查。截至2016年底，共撤回、注销137家企业的监理资质，对在监项目存在违法违规行为的5家企业和项目总监理工程师依法进行了处理。

　　加大违法违规行为查处力度。加强企业资质和人员资格申报弄虚作假查处力度，全年共对提供虚假材料骗取资质资格的4家企业和125名注册人员撤回资质证书或撤销注册执业资格，对提供虚假材料申请资质资格的14家企业和66名注册人员处以通报批评。加大对发生质量安全责任事故企业和人员的查处，全年共对5家涉及安全事故责任的企业处以吊销资质、降低资质等级的行政处罚，对9名涉及安全事故责任的注册人员处以吊销注册证书、停业整顿的行政处罚，上述企业和人员的违法违规行为均通过全国建筑市场监管公共服务平台对外曝光。

4. 深入推进行政审批制度改革

　　继续推进简政放权。印发《住房城乡建设部办公厅关于做好取消建设工程企业资质和个人执业资格初审事项后续衔接工作的通知》《住房城乡建设部关于建设工程企业资质管理资产考核有关问题的通知》，简化申报流程，方便服务企业和个人，提高审批效率；印发《关于简化建筑业企业资质标准部分指标的通知》《关于简化工程监理企业资质申报材料有关事项的通知》，简化企业资质标准、减少申报材料，减轻企业负担。

　　创新行政审批方式。在企业资质方面，印发《关于建筑业企业资质和工程招标代理机构资格实行网上审批的通知》，研究制定《建设工程企业资质电子审查工作方案》，完善企业资质电子化审查工作制度，目前住房城乡建设部负责审批的建设工程企业资质资格已全部实现网上申报和审批。推进建设工程企业资质审批"互联网＋政务服务"改革，在上海、浙江、安徽等地方开展建设工程企业资质智能化审批试点，提高行政审批效率；在个人执业资格方面，在北京等7省市推进监理工程师注册电子化审批试点，为下一步全面推开电子化审批积累了经验。

　　加强信息公开。在住房城乡建设部网站"建设工程企业资质行政审批专栏"设置"被举报投诉企业名单"，向公众公布被举报投诉企业名

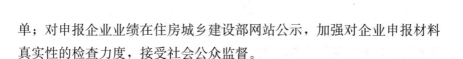

单；对申报企业业绩在住房城乡建设部网站公示，加强对企业申报材料真实性的检查力度，接受社会公众监督。

(二) 质量安全

2016年，住房城乡建设部以确保质量安全为目标，以深化建筑业改革发展为动力，以加强监督执法为抓手，以推动先进技术应用为支撑，全面提升质量安全监管能力，确保全国工程质量安全水平稳步提升。

1. 工程质量监管

加强法规制度建设。住房城乡建设部深入贯彻落实中央城市工作会议精神，不断完善工程质量法规制度。开展《建设工程质量检测管理办法》(141号住房城乡建设部令)修订工作，组织修订工程质量检测机构资质等级标准。推动工程质量保险制度建设，起草关于推进工程质量保险工作的指导意见，征求有关部门和地方意见。规范工程质量保证金管理，会同财政部修订出台《建设工程质量保证金管理办法》。配合做好建筑业改革发展相关工作，参与起草关于促进建筑业持续健康发展的意见。

深入开展工程质量治理两年行动。住房城乡建设部督促各地认真落实五方责任主体法定代表人授权书、项目负责人责任承诺书、永久性标牌、质量信息档案等制度，按月通报各地工程质量终身责任制落实情况，组织开展两年行动万里行活动。召开两年行动总结电视电话会议，全面总结两年行动成果，交流地方好的做法和经验，部署开展质量安全提升行动，加快推进建筑业改革发展。

开展监督执法检查。住房城乡建设部组织开展2016年全国工程质量治理两年行动监督执法检查，分3批对全国30个省、自治区、直辖市(西藏除外)进行了监督执法检查，共抽查180个在建工程，总建筑面积541万平方米，检查共反馈书面意见3698条，对32个违反工程建设强制性标准和存在质量安全隐患的工程项目下发了《建设工程质量安全监督执法建议书》。

调查处理工程质量事故质量问题。赴现场调查了解江西萍乡

"2.26"、浙江温州"10.10"楼房倒塌事故,参与调查山西府谷牛家沟廉租房、甘肃兰州路面塌陷等问题。受理工程质量投诉15起,均及时批转省级住房城乡建设主管部门调查处理,要求及时上报处理结果。

夯实工程质量监管工作基础。印发通知,督促各地开展城市老旧建筑安全排查整治,加强既有建筑安全管理。继续深入开展住宅工程质量常见问题专项治理工作,组织召开专项治理观摩会,交流各地经验,部署下一步专项治理工作。大力推进工程质量管理标准化,组织开展调研,起草关于推进工程质量管理标准化工作的有关文件。组织开展工程质量监管机制改革研究等多个课题研究。

2. 建筑施工安全监管

加强工作部署。结合全国建筑施工安全生产形势,住房城乡建设部召开了部分地区建筑施工安全监管工作汇报会和全国建筑施工安全生产电视电话会议,及时传达贯彻中央领导同志批示指示要求和国务院有关会议精神,分析通报建筑施工安全生产形势,研究加强和改进工作的具体措施,全面部署建筑施工安全监管工作。

完善规章制度。起草《关于加强建筑施工领域安全生产诚信体系建设的指导意见》,建立健全建筑施工安全生产不良信用记录、"黑名单"等制度,着力构建完善的建筑施工安全生产诚信制度体系。根据全国安全生产领域改革发展和建筑业改革发展工作部署,研究提出施工安全生产方面的改革发展措施,积极推进建筑施工安全生产改革创新,强化危险性较大的分部分项工程安全管理等制度建设。

强化重大事故应对防范。深入开展建筑施工安全专项整治,以基坑支护、模板支撑体系、起重机械、城市地下综合管廊工程等为重点,对安全生产主体责任落实、从业人员持证上岗、安全专项施工方案管理等方面进行深入整治,严厉打击安全生产违法违规行为,及时消除安全隐患,严防群死群伤事故的发生。深刻吸取有关行业领域重大事故教训,立即印发通知,要求各地组织对所有在建房屋建筑和市政工程项目开展安全隐患排查,坚决遏制和防范重特大事故的发生。

强化事故通报督办。按照事故督办处理办法,住房城乡建设部对27起房屋市政工程施工生产安全较大事故启动了督办程序,其中河北唐山"1.30"模板坍塌、山东烟台"7.15"施工升降机坠落、四川阆中"8.22"模板坍塌等事故发生后,派事故督查组赴现场了解并通报事故情况。针对部分地区较大事故多发的情况,住房城乡建设部约谈了10个省(市)住房城乡建设主管部门负责人,督促认真进行事故查处,深刻吸取事故教训,进一步加强和改进建筑施工安全生产工作。分别按月度、季度和年度对全国房屋市政工程生产安全事故情况进行通报,并上网通报了27起较大事故的相关企业及法定代表人、项目经理、项目总监,督促各地及相关企业强化安全管理。

开展监督检查。在2016年全国工程质量安全监督执法检查中,采取随机抽取市县、项目的方式,重点抽查项目安全管理、安全隐患排查治理、模板支架和起重机械安全管理等情况。开展建筑施工安全生产专项督查,于12月中下旬组织4个督查组,分别对山东、河南、上海、江苏、四川、贵州、湖南、广东等8个省、直辖市进行了专项督查,共抽查了24个在建工程项目,总建筑面积259.52万 m^2 ,重点检查了工程建设手续办理,危险性较大的分部分项工程安全专项施工方案的编制、审核、专家论证和执行等情况,有力推动了各地工作责任的落实。

加强宣传培训。扎实开展以"强化安全发展观念,提升全民安全素质"为主题的"安全生产月"活动,并与北京市住建委联合开展"6·16"安全生产宣传咨询日活动,促进广大建筑企业及从业人员牢固树立安全生产红线意识,增强安全法治观念。组织专题培训班,对湖南、四川、贵州等地住房城乡建设主管部门、施工安全监管机构负责人、一线监督员及部分企业安全管理人员共计100余人进行了培训。组织编写了《工程项目施工人员安全生产指导手册》,加强对施工现场作业人员的安全教育,促进提高安全生产意识和技能。

推进长效机制。围绕建立"六位一体"的建筑施工安全监管信息系统目标,继续大力推进安全生产监管信息化工程(一期)住房城乡建设部建设项目。围绕建筑业深化改革发展的总体要求,针对施工企业安全生产许可、建筑安全生产监管层级考核、建筑施工从业人员安全教育培训、建筑施工企业安全文化建设等工作开展调研和课题研究,为下一步政策制定提供参考和依据。

3. 城市轨道交通工程质量安全监管

建立完善制度。 印发《城市轨道交通工程质量安全检查指南》，指导建设、勘察、设计、施工、监理以及施工图审查、第三方监测、检测单位开展质量安全自查，以及建设单位对参建各方履约管理、评价和地方主管部门质量安全监督检查。提高检查工作的规范化、标准化水平。组织召开城市轨道交通工程管理工作座谈会，就城市轨道交通工程质量安全标准化管理等政策制定开展调研和文件起草。

加强监督检查。 加强对各地特别是新开工城市以及存在较大风险隐患和发生较大生产安全事故城市的轨道交通工程项目质量安全监管。2016年年初部署各地开展城市轨道交通在建工程质量安全全面自查和问题整改工作，在此基础上组织专家对徐州、常州、济南、郑州、广州、重庆、杭州等城市开展监督检查。共抽查了14个在建项目，涉及车站面积约36万平方米、区间长度约23公里。提出整改意见，要求各地进一步落实法律法规、标准规范和质量安全责任，提高工程质量安全水平和风险隐患排查治理能力。

强化事故通报。 对杭州地铁"7.8"基坑突涌、重庆地铁"7.29"衬砌钢筋坍塌以及沈阳"10.19"隧道坍塌较大事故进行通报和督办，要求有关地方住房城乡建设主管部门查明事故原因，并按规定对负有责任的企业和人员予以严肃处理，切实吸取事故教训。

加强培训指导。 依托住房城乡建设部城市轨道交通工程质量安全专家委员会，加强对地方培训工作的指导。举办城市轨道交通工程建设应急管理培训班，组织专家对风险管控、隐患排查、盾构施工和突发事故应对等内容进行重点培训，帮助建设单位提高突发事件应对能力和履约管理经验，不断提高工程建设全过程风险防控能力。

组织经验交流。 组织召开全国城市轨道交通工程质量安全联络员会议和专家委员会会议。总结2016年城市轨道交通工程质量安全工作，交流各地在风险管控、隐患排查治理和标准化管理方面的好经验好做法，分析当前面临的突出问题，部署2017年重点工作。组织专家分析、解读2016年部分城市轨道交通建设工程质量安全监督检查情况，研讨技术管理和改革创新问题，整理、汇编部分地区现场质量安全标准化手册，提供给各地联络员参考，促进行业资源共享和信息交流。

4. 勘察设计质量监管与行业技术进步

开展勘察设计质量专项治理。印发《建筑工程设计文件编制深度规定（2016年版）》、《装配式混凝土结构建筑工程施工图设计文件技术审查要点》、《全国建筑设计周期定额》，为勘察设计质量监管提供依据。组织开展部分地区建筑工程勘察设计质量专项督查，共检查24个房屋建筑项目。组织召开勘察设计质量监管工作座谈会，总结交流质量治理两年行动勘察设计监管工作经验。组织开展总承包模式下勘察设计质量监管制度改革研究。

加强施工图审查管理。落实中央"放管服"工作部署，住房城乡建设部与中国气象局、中央编办等部门沟通防雷设计审核有关事宜，配合起草国务院关于优化建设工程防雷许可的决定以及11部委关于贯彻落实国务院决定的通知。继续推进施工图设计文件数字化审查工作，扩大试点范围。印发《2015年度施工图设计文件审查情况报告》。

完善标准设计。组织召开全国工程建设标准设计专家委员会2016年度工作会议，印发2016年国家建筑标准设计编制工作计划。批准发布62项国家建筑标准设计，组织制定并发布海绵城市建设、城市综合管廊、地铁3个国家建筑标准设计体系。

提升建筑设计水平。在建设报等媒体发表关于加强建筑设计管理的解读材料，宣传贯彻新时期建筑方针。组织开展第八批全国工程勘察设计大师评选工作，公布第八批全国工程勘察设计大师名单，发挥示范引领效应。开展大型公共建筑工程后评估制度研究，为后续建筑设计提供借鉴。

推动行业技术进步。印发《2016—2020年建筑业信息化发展纲要》，提出"十三五"建筑业信息化发展目标、主要任务、重点领域，鼓励探索"互联网＋"形势下生产管理新模式，支持新业态发展。组织召开推动工程技术进步工作研讨会，开展绿色建造施工技术、建筑业10项新技术修订研究工作，推动BIM应用、装配式建筑等技术发展，组织开展工程技术发展与创新调研。

（三）工程建设标准定额

2016年，住房城乡建设部围绕党中央国务院决策部署及住房城乡建设中心工作，继续深化标准定额改革，完善标准定额体系，落实各项工作任务。

1. 积极完成党中央国务院下达的重点任务

落实大力推进装配式建筑要求。落实中央城市工作会议精神以及国务院关于大力发展装配式建筑的指导意见，为装配式建筑发展提供标准支撑，修订了《装配式建筑评价标准》；紧急启动了装配式混凝土结构建筑、装配式钢结构建筑、装配式木结构建筑3项技术标准制定工作，3项技术标准已发布。

积极解决女性如厕难问题。落实国务院领导关于解决女性如厕等候时间过长的批示，修订了《城市公共厕所设计标准》，将女厕位与男厕位的比例由原来的1∶1～2∶3调整为3∶2，同时还规定在人流集中的场所女厕位与男厕位比例不应小于2∶1，并新增了第三卫生间的设置要求。

支持地热能资源勘查开发。落实国务院领导关于加强地热能资源勘查开发、促进节能减排的批示，完成了报国务院的关于城镇化利用地热有关情况报告，提出了加快编制《地源热泵系统工程勘察规范》，做好浅层地热资源条件勘查和建筑利用条件调查，加强浅层地热设计、施工管理，严格设计、施工方案审查，确保合理利用的建议。

推动光纤入户工程建设。落实国务院领导关于实施"宽带中国"战略的批示，组织在全国范围开展光纤到户国家标准贯彻实施情况专项检查和抽查，推动了地方光纤到户建设工作，为加快高速宽带网络建设推进网络提速降费工作发挥了标准引领作用。

推进城市光污染防治工作。落实国务院领导关于防治城市光污染的批示，起草了报国务院的关于光污染防治有关情况报告，提出了完善城市照明规划相关标准、强化城市照明规划编制、细化照明规划要求、加强城市设计管理、规范户外广告设置的建议。

深入开展无障碍环境建设。落实政协领导关于推进无障碍环境建设的批示，配合政协全国委员会开展了"无障碍环境建设运行情况"视察工作，赴江苏、海南进行监督性视察，进一步推动两省的无障碍环境建设工作。

完善标准支持养老服务发展。 落实国务院关于加快养老服务业发展的要求，协调公安消防部门研究相关建筑防火规范修订工作，支持社会办养老机构发展。加快了《城镇老年人设施规划规范》、《城市居住区规划设计规范》修订，组织编制了《特困人员供养服务设施(敬老院)建设标准》、《综合社会福利院建设标准》，对养老服务设施规划、建设作了具体规定。

2. 继续深化标准定额改革

进一步明确职责分工。 为适应工程建设领域全面深化改革形势，明晰工作职权分工界面，经反复协调沟通，住房城乡建设部与国家质检总局签署了《关于〈标准化法〉修订有关工程建设标准管理模式的商谈纪要》，明确了工程建设标准按现行模式管理，进一步界定了住房城乡建设部与国家质检总局的职责分工。

全面推进标准化改革。 为落实工程建设标准化改革任务，在梳理现行标准体系、研究革新管理体制的基础上，住房城乡建设部出台了《关于深化工程建设标准化工作改革的意见》，部署了改革强制性标准、构建强制性标准体系、优化完善推荐性标准、培育发展团体标准、全面提升标准水平、强化标准质量管理和信息公开、推进标准国际化等七项改革任务。

积极启动团体标准培育发展工作。 为促进团体标准编制和应用，在总结国内协会标准经验和借鉴发达国家情况基础上，住房城乡建设部印发了《关于培育和发展工程建设团体标准的意见》，提出了市场主导、诚信自律、创新驱动的工作原则，明确了增加团体标准供给、促进团体标准推广应用、提高团体标准质量水平、加强监督管理和严格团体标准责任追究等具体要求。

强化组织领导和工作规则。 为加强住房城乡建设部标准化工作的组织领导和统筹协调，成立了住房城乡建设部标准化工作领导小组。为规范标准编制管理，提高标准针对性和实效性，制定了住房城乡建设领域标准"制定工作规则""编制工作流程""审核审批和信息公开工作流程",对标准编制管理职责、各环节工作时限,提出了程序要求和工作要求。

继续推进工程造价管理改革。 住房城乡建设部进一步完善工程造价管理制度,编制了《工程造价行业十三五规划》,配合财政部对《建设工程价款结算暂行办法》进行了修订,起草了《关于推进工程人工单价改革的指导意见》,完成了建筑业"营改增"计价依据调整,开发了工程造价信息监测系统。开展了造价工程师执业资格和造价员取消后续工作,对《造价工程师执业资格制度暂行规定》进行了修订,研究将造价员纳为二级造价工程师,并完善造价工程师执业资格考试实施办法。

深化造价行政审批改革。 住房城乡建设部落实国务院"放、管、服"行政审批事项改革要求,做好造价咨询企业资质乙升甲取消省级初审后续工作,实施了资质升级电子化申请和审核,增加审核频次,减轻企业负担,提高工作效率。全年完成317家企业乙升甲审核。印发了《关于造价工程师注册审核有关事项的通知》,规范和简化造价工程师初始注册工作,共完成13批共13612人初始注册。

3. 不断完善标准定额体系

2016年,住房城乡建设部加快了在编标准定额编制进度。全年共批准发布工程建设标准256项、建设标准8项、工程消耗量定额5套。备案水利、电力、煤炭等领域行业标准154项、地方标准496项。组织对1071项国家标准和千余项行业标准进行了复审,翻译标准英文版22项。

启动构建国家工程建设强制性标准体系工作。 按照工程建设标准化改革总体思路,把强制性标准的范围限定在保障人身健康和财产安全、国家安全、生态环境安全等方面,把内容拓展到目标、功能、性能,以及关键技术节点,使其更有针对性。在住房城乡建设领域组织开展了37项全文强制性标准研编工作,组织水利、铁路、电力等21个行业开展强制性标准体系的研编工作,初步提出了工程建设强制性标准体系。

围绕国家重要政策推动重点标准编制。 一是为促进老龄产业发展、推进老旧住宅改造,发布了《老年人居住建筑设计规范》、《既有住宅建筑功能改造技术标准》，对老年人居住建筑规划设计和既有住宅功能改造、加装电梯等提出要求。二是为推行建筑能耗总量控制和强度限制，发布了《民用建筑能耗标准》，按建筑能耗实际数据制定能耗指标，并强化对建筑终端用能强度控制，实现"结果节能"。同时，发布了《绿色博览建筑评价标准》、《绿色饭店评价标准》，规定了全寿命期内节能、节地、节水、节材、保护环境等性能综合评价方法。三是为落实国务院关于推进文化创意和设计服务与相关产业融合发展的若干意见，发布了《江南水乡（镇）建筑色谱》、《冰雪景观建筑技术规程》，为地域特色建筑设计、规划提供技术支撑，避免"千城一面"。四是为落实《国务院关于促进快递业发展的若干意见》，发布了《物流建筑设计规范》，对用于物品运输、储存、装卸、搬运、包装、物流加工、配送等物流活动的建筑设计做出规定。

进一步构建科学的计价定额体系。一是完善工程造价计价规则。住房城乡建设部组织开展建设工程定额体系及计价依据编制规则研究，完成了《建设工程定额体系框架》、《建设工程定额命名和编码规则》、《建设工程工程量清单规范体系》征求意见。为推行全费用综合单价，对《建设工程工程量清单计价规范》进行局部修订，完成了多层级清单计价课题研究。二是加快工程计价依据编制。发布了《装配式建筑工程消耗量定额》、《建筑安装工程工期定额》。制订了《城市轨道交通工程概预算编制办法》。完成了《城市综合管廊工程量消耗定额》和《绿色建筑工程消耗量定额》编制。三是支持西藏工程定额制修订。落实中央第六次西藏工作会议精神，保证西藏"十三五"重大投资顺利实施，应西藏住建厅请求，住房城乡建设部组织浙江、四川、湖北、北京等省市援助西藏定额的修订，并协助西藏住建厅完成了建设工程定额的修订审查工作。

4. 推进标准实施监督体制机制创新

积极探索标准实施的双随机抽查制度。按照国务院推广双随机抽查规范事中事后监管的要求，住房城乡建设部制定了《工程建设强制性标准实施情况随机抽查试点工作方案》，组织安徽、广东、河南、湖南、四川、新疆、重庆等地在地方工程项目库、企业名录库、执法人员库等数据库的建立，开展工程建设强制性标准"双随机、一公开"检查，开发工程建设强制性标准实施监督信息系统等方面进行试点。

研究标准实施情况评估机制。在总结近两年开展的建筑节能标准、居住区规划设计规范等标准实施情况效果评估研究经验的基础上，住房城乡建设部组织开展了工程建设标准实施评估技术导则研究，完成了对《住宅建筑规范》实施情况分析统计和评估工作，为下一步全面开展强制性标准实施情况分析评估奠定了基础。

开展强制性地方标准精简整合。贯彻落实《国务院办公厅关于印发强制性标准整合精简工作方案的通知》，住房城乡建设部印发了《工程建设强制性地方标准整合精简工作方案》，组织各地开展工程建设强制性地方标准的整合精简工作，清理了一批重复矛盾的强制性地方标准。

推进地方标准备案信息公开。按照国家关于加快推进"互联网＋政务服务"和全面推进政务公开工作的要求，对标准备案制度进行改革，主动在住房城乡建设部官网公开备案的地方标准、行业标准信息，方便人员使用查询。

继续完善施工现场标准员制度。在总结有关省市、企业和项目施工现场标准员岗位试点经验的基础上，开展标准员设置指导政策研究，完成了《施工现场标准员继续教育系统及数据库课题研究报告》，初步建立了标准员继续教育系统与数据库，为进一步实施标准员制度迈出了坚实一步。

编制重要标准实施指南和技术导则。为服务技术人员正确使用标准，住房城乡建设部组织开展了5项标准实施指南编制工作，完成了《混凝土结构工程施工质量验收规范》实施指南。同时，开展施工现场强制性标准实施监督信息系统技术导则研究和基于BIM技术的强制性标准实施监督前期研究，为深入推动工程建设标准实施监督奠定基础。

加大绿色建筑材料推广应用力度。住房城乡建设部与工信部联合印发了《预拌混凝土绿色生产评价标识管理办法（试行）》，推进了预拌混凝土绿色生产。制定了高性能混凝土推广应用试点工作方案，在六个省区开展试点工作，积累高性能混凝土推广应用工作经验。开展高强钢筋集中加工配送政策、推广应用机制及示范项目研究，深化高强钢筋应用工作。

加快推进住建领域认证认可工作。根据全国认证认可工作部际联席会议工作部署，在整合归口管理的检验检测认证机构，组建中国工程建设检验检测认证联盟的基础上，指导联盟的制度建设，开创了以联盟为平台协调和促进各机构共同发展局面。各机构在保持原有认证业务基础上，主动响应国家发展装配式建筑、生态文明建设、供给侧改革等要求，形成具有自身特色的认证体系，为国家重点领域工作提供配套服务。

(四) 地方政府举措

推进改革促进建筑业发展。2016年，各地住房城乡建设主管部门深入推进改革，激发市场活力。一些地方推进建设工程企业资质审批改革，简化、方便企业资质申办，引导行业健康发展，促进市场秩序规范。浙江省开展建筑业企业资质智能化审批试点工作，安徽省开展建筑业企业和工程监理企业资质智慧审批试点工作。一些地方启动建筑业劳务用工制度改革，加强建筑劳务用工管理，落实建筑施工企业在队伍培育、权益保护、质量安全等方面的责任，保障劳务人员合法权益，构建有利于形成建筑产业工人队伍的长效机制。浙江、安徽、陕西三省开展建筑劳务用工制度改革试点工作，三省出台改革试点方案，探索形成新型建筑业劳务用工工作的新体制。

《陕西省建筑业劳务用工制度改革试点实施方案》（摘要）

拟从2016年到2018年，利用三年时间，在西安市、安康市和陕西省建工集团、西安市建工集团开展建筑业劳务用工管理改革试点工作。

(一) 建立多种形式、多种渠道的建筑工人技能培训和考核机制

1.建立多形式、多渠道的建筑工人技能培训机制。

(1)强化建筑企业培训主体责任。建筑企业是建筑用工的主体，按照"谁用工、谁培训"的原则，施工企业应建立培训机制，开展本企业工人及聘用人员的技能培训和安全教育。

(2)开展多种形式职业培训。鼓励施工企业通过创建农民工业余学校、职工培训中心等培训机构、购买社会培训服务等多种形式,对施工现场人员开展安全生产教育培训;对从事技术工种的工人,按照住房城乡建设部颁布的职业技能标准相应等级要求,开展安全生产教育、理论知识和操作技能培训。

(3)建立建筑工人技能激励机制。建立施工企业工人技能分级管理办法,促进施工企业建立建筑工人职业技能等级与基本工资、技能职务津贴和特殊岗位津贴相挂钩的制度。

(4)建立建筑工人培训专项经费机制。根据国家和我省有关规定企业按工资总额的1.5%～2.5%提取职工教育经费,教育经费的使用应向一线技术工人倾斜。未开展职工技能培训企业,实行职工教育经费按比例统筹,用于统一培训。符合职业培训补贴对象的人员,按规定给予培训费补贴。

2.建立建筑工人职业技能考核机制。省上负责认定建筑工人职业技能鉴定机构,制订"建筑工人技能鉴定管理办法"。各市主管部门负责组织开展建筑工人技能鉴定工作和对辖区内鉴定机构的监督管理。

(二)明确建筑用工工资管理行为

1.规范劳动用工管理。坚持施工企业与建筑工人先签订劳动合同后进场施工,全面建立建筑工人实名制管理制度,实行"一卡通",记录施工现场作业工人的身份信息、劳动考勤、工资、劳保统筹结算信息,实现电子信息化管理。施工总承包企业要加强对分包企业建筑用工和工资发放的监督管理,在工程项目部配备用工管理员,建立建筑工人进出场刷卡登记制度和考勤计量、工资、劳保统筹等电子台账,实时掌握施工现场用工及其工资支付情况。

2.明确工资支付各方主体责任。施工总承包企业(包括直接承包建设单位发包工程的专业承包企业,下同)对所承包工程项目的建筑工人工资支付负总责,分包企业(包括承包施工总承包企业发包工程的专业企业,下同)对所招用建筑工人的工资支付负直接责任。

3. 建立银行代发工资制度。实行包括建筑工人工资、劳保统筹在内的劳务费委托银行直接代发的办法。用工企业负责为招用的建筑工人申办银行个人工资账户并办理实名制"一卡通"，按月考核建筑工人工作量、编制工资支付表，经建筑工人确认后传至施工总承包企业，施工总承包企业委托银行通过其设立的工资专用账户直接将工资、劳保统筹划入建筑工人个人工资账户。

(三)构建社会保障体制

1. 制定建筑工人劳保统筹返还办法。按照与现行我国社会保障制度相衔接的原则，将建筑工人纳入企业职工基本养老保险覆盖范围。参保缴费资金来源，按所施工项目收取劳保费的85％向施工总承包企业提供，并由其按《社会保险法》及我省相关规定为建筑工人缴纳企业基本养老保险费。如果总承包企业所获得的项目劳保统筹不足以缴纳养老保险费，可向公司所在地市级劳保统筹机构申请补贴。

2. 简化审批试点公司劳保费项目返还审批程序。试点公司申请项目劳保费返还，由项目所在地市级劳保统筹机构按规定条件审批，不再转报省上，经批准后直接向企业拨付资金。办理完毕后，须向省劳保费统筹机构备案。

3. 改善农民工居住条件。各市区要优先将试点公司长期在城市稳定就业与生活的农民工居住问题，纳入城市住宅保障范围。优先将"保障房公寓、员工宿舍"向试点公司建筑工人提供。试点公司的建筑工人，用人单位和个人可缴存住房公积金，允许符合条件的建筑工人申请住房公积金贷款购买自住房。

(四)弱化劳务企业资质，鼓励小微技能企业发展

1. 试点期间，除出省作业需要外，不再审批新办劳务资质，原有劳务资质不再延期。

2. 引导建筑企业拥有自有技术工人，鼓励有一定技术特长和管理能力的班组长组建小微专业技能企业，在工商部门申请工商营业执照。专业小微技能企业不需要劳务资质和安全生产许可证，直接和总包及专业分包企业签订建筑用工合同。

3. 发挥试点企业的引领作用，推动上下游企业分工协作发展。鼓励试点公司建立为建筑施工专业化班组和微型企业服务的公司，按照市场化规则向其提供诸如法律、财务、税务、人员管理等方面的有偿服务，以减少小微技能企业运行管理成本，促进建筑产业转型升级。

（五）开展务工网项目建设

1. 利用"互联网＋"建立建筑务工信息网。将建筑业项目施工众多的综合性、专业性建筑工人组织，及其符合职业化要求的建筑工人供给信息，以及总承包企业中标项目所需劳务用工的需求信息，都展现在同一个平台上。实现项目建筑用工分包透明化、洽谈便利化、合同签订电子化、信用评价标准化，提高建筑业劳务用工管理工作水平。务工网建成运行后，在陕建筑业施工企业的所有项目、建筑劳务用工信息全部进入务工网数据库，并适时发布。引导已与总包及专业公司合作的企业及建筑工人按要求实名登陆务工网，进入统一建立的劳务公司、专业班组和经考核具有职业资格的建筑工人实名制管理数据库。

2. 统筹安排开发建设务工网项目。建设务工网采用省、市行业主管部门主导、多方出资共建共管的方式进行。

3. 建立健全务工网管理制度。把务工网建成建筑企业、项目建设劳务用工分包和建筑工人资源共享、服务协同的公共服务平台。制定准入条件、服务规范、信用评价制度，调动和优化配置资源，增强政策咨询、人才培训、市场开拓、财务指导、信息化服务等功能，以提高行业自律和管理组织水平。确保务工网各项管理工作规范有序进行，为参与各方提供公平、公正、快捷、便利、安全优质的服务。

（六）推进诚信体系建设

1. 完善企业守法诚信管理制度。将施工现场管理、技能培训、工资支付、社会保障、合同履约等情况作为企业诚信评价的重要依据，将技能水平、施工质量、遵守行业规则作为建筑劳务用工企业及建筑工人的评价依据。建立建筑劳务用工企业及建筑工人的诚信评价体系，实行分类分级动态监管。住建、人社部门建立失信企业及人员"红、黑名单"制度，定期向社会公开有关信息。推进相关信用信息系统互联互通，实现对企业及人员信用信息互认共享。

2. 建立健全企业失信惩戒机制。加强对企业及人员失信行为的部门协同监管和惩戒。住建部门将对失信企业及人员在招投标、资质审核、市场准入、评优评先等方面依法依规予以限制，使失信企业及人员在全省范围内"一处违法、处处受限"。

加大质量安全监管力度。 2016年，各地住房城乡建设主管部门继续加大质量安全监管力度，促进建筑施工企业改善安全生产条件，预防和减少安全事故的发生。广西利用建筑施工企业安全生产条件动态管理系统对建筑施工企业安全生产进行差异化监管，系统自动将企业安全生产条件按绿、黄、红三种颜色进行分类，三种颜色分别对应合格、基本合格、不合格，并对应相应监管级别。《北京市房屋建筑和市政基础设施工程生产安全事故隐患排查治理管理办法》明确参建单位主体责任，要如实记录事故隐患排查相关信息，制定事故隐患排查治理制度和工作计划，采取技术、管理和组织措施，及时发现并消除本单位及施工现场的事故隐患。工程项目如果没有建立事故隐患排查治理制度、没有及时发现事故隐患或对发现的事故隐患没有及时整改，将被责令限期整改；如果逾期未改，将被责令停止施工；情节严重的，将被罚处停止在京招投标资格30～90天。福建省住房城乡建设厅修订出台《福建省建筑施工企业安全生产许可证暂扣管理办法》，确保对发生事故或不再具备安全生产条件的建筑施工企业依法、及时作出暂扣处罚，有效震慑违法违规行为。

加快建筑市场诚信体系建设。 各地住房城乡建设主管部门转变监管方式，完善监管手段，加快推进诚信体系建设，营造公平竞争的市场环境。深圳市住房和建设局与人民银行及三家民营征信机构签署《征信业务合作协议》，开展企业诚信信息共享合作，将建筑市场违法行为纳入征信系统。银行的征信系统将单位或个人在建筑市场的违法行为记录在案，违法者的金融活动将受到限制和约束。

推动企业参与"一带一路"建设。 为引导工程建设企业积极开拓海外市场，2016年7月，青岛市政府办公厅出台《关于推动工程建设企业参与"一带一路"建设的实施意见》，要求相关部门加大政策扶持力度，推动工程建设企业"走出去"。《实施意见》提出，发展壮大对外承包工程龙头企业集团，培育一批新的具备开拓境外市场能力的对外工程承包企业。加强对外劳务合作，逐步拓展建筑业对外承包工程范围。力争到2020年，取得对外承包经营资格的工程建设企业达到100家，当年实现对外工程承包营业额50亿美元以上，全市工程建设企业境外完成的施工产值达到工程建设施工总产值的15%；对外承包工程额保持全省第一，在全国处于领先水平。

《关于推动工程建设企业参与"一带一路"建设的实施意见》（摘要）

（一）强化扶持引导，壮大企业整体实力

1. 强化企业培育力度。支持勘查、设计、施工、监理、咨询行业企业申报对外工程承包经营资格，取得境外承包项目的劳务派遣权。支持符合条件的对外工程承包企业申报"对外援助成套项目总承包实施企业资格"和"对外援助物资项目总承包实施企业资格"，培育一批在国际上具有较强竞争力的对外工程承包企业。（市城乡建设委、市商务局按职责分工负责）

2. 大力拓宽国际市场。引导企业采用建设—转让（BT）、建设—经营—转让（BOT）、政府和社会资本合作（PPP）及工程总承包（EPC）等方式，主动参与"一带一路"沿线国家电力设施、海洋工程、公路铁路、机场港口等项目的投资建设。深入推广"青建+"发展模式，支持对外工程承包企业抱团发展、资源共享，带动我市设计院所和项目管理、施工监理、造价咨询企业合作承揽项目，共同开拓市场。推动对外工程承包与境外资源开发、经贸合作园区建设相结合，带动大型成套设备、标准、设计、劳务和运营服务的输出。鼓励企业按照巩固非洲、拓展拉美、强化东南亚、开拓欧美的定位，培育我市国际品牌。（市城乡建设委、市商务局、市发展改

革委、市政府国资委、青岛海关、山东出入境检验检疫局按职责分工负责)

3.完善评优支持政策。建立企业境外工程业绩认可机制，对完成的业绩给予信用考核评分奖励，并在资质升级、增项及招投标审查时予以认可。企业在本市参加招投标时，获得的境外荣誉与国内荣誉享受同等待遇。倡导建设(开发)单位在安排有交易自主权的项目建设和到境外投资建设时，优先选用有境外工程业绩的施工企业。推荐境外工程经营业绩较好的施工企业申报特级资质。在市级建筑工程质量评优奖项中设立"国外工程特别奖"，授予在境外独立承建的符合条件的建筑工程。(市城乡建设委、市政务服务和公共资源交易管理办按职责分工负责)

(二)强化金融保障，提高企业发展动力

4.加大财税支持力度。推进企业与丝路基金、中拉基金、东盟基金、欧亚基金、中加基金、中日基金、中东欧基金、中非产能合作基金等股权投资基金的战略合作，争取国家和省级各类政策性扶持资金及援外资金，研究设立产业引导基金。落实"营改增"和服务出口税收优惠政策，以及有关多边、双边税收协定，对已在国外税务部门缴纳所得税的，按国家有关规定对国内相应所得税进行抵扣，避免重复征税。对境外承包工程项目中使用符合国家出口退税政策的国产设备、原材料的，及时办理退税。强化以工程带动经贸合作和资源能源输入，按照扶持外贸发展的相关政策规定，指导企业利用自贸协定节约境外工程成本，以境外投资带动成套机电设备、大型装备和其他产品出口。(市城乡建设委、市财政局、市国税局、市地税局、市商务局、市发展改革委、青岛海关、山东出入境检验检疫局按职责分工负责)

5.加大金融支持力度。争取亚洲基础设施投资银行、中国进出口银行、国家开发银行、中国出口信用保险公司等政策性金融机构对我市工程建设企业的信贷、保险支持。用足用好出口信贷担保、援外优惠贷款等"一带一路"金融信贷优惠政策。鼓励金融机构创新金融产品和服务方式,简化放贷和投保手续,解决企业资金需求。引导保险机构和银行合作开发适合建筑业特点的信用保险和抵押贷款。抓住人民币纳入特别提款权(SDR)货币篮子的契机,鼓励有条件的大型企业在境内外资本市场直接融资,使用人民币开展境外投融资和结算。探索推动我市金融机构出台工程建设企业在对外担保、境内外融资、跨境资金流动等方面的配套服务政策。(市金融工作办、人民银行青岛市中心支行、青岛银监局、青岛保监局、市商务局按职责分工负责)

6.加大专项资金支持力度。根据财政部、商务部《关于印发外经贸发展专项资金管理办法的通知》(财企〔2014〕36号)及我市相关政策规定,对企业参与境外投资、对外工程承包、对外劳务合作、境外经济贸易合作区建设等,采取直接补助或贷款贴息方式给予支持。(市商务局、市财政局按职责分工负责)

(三)提升服务水平,健全综合服务体系

7.加强专业人才培养。鼓励驻青高校、培训机构与对外工程承包企业积极合作,开展专业共建和互动式人才培养,加快培养一支专业素质好、政策水平高、外语能力强的复合型管理人才队伍。支持企业在境外注册成立公司,吸纳当地人才,逐步实现本土化发展。企业派驻境外工作两年以上的专业技术人员,在驻外期间参加我市工程系列中高级专业技术资格评审的,可免面试答辩,其海外工作经历、学术和专业技术贡献可作为专业技术资格参评依据。对在我市办理就业登记手续并缴纳社会保险的境外工程建设从业人员,可按规定参加政府组织的补贴性培训。探索解决境外施工管理人员和建筑工人在国内重复缴纳社会保险的问题。实施国际工程承包人才培养服务计划,定期选派人员到境外项目挂职锻炼。鼓励高层次国际工程承包人才在青岛落户、居住,并为外籍人才办理在华永久居留相关证件等提供便利。(市人力资源社会保障局、市城乡建设委、市公安局按职责分工负责)

8.简化外出审批手续。探索建立与对外工程承包特点相适应的通关管理模式，积极为企业申办亚太经合组织（APEC）商务旅行卡，协调有关国家使领馆，做好重点企业外派人员的签证办理事宜。进一步简化外汇登记、对外担保等手续，加快推进跨国公司外汇资金集中运营管理改革。支持企业采用境外经营收入存放当地等方式提高外汇资金使用效率，降低外汇风险。（市政府外办、市公安局、人民银行青岛市中心支行按职责分工负责）

9.提高风险防控能力。引导企业加快建立与国际接轨，并能适应国际市场竞争环境的组织架构，做好境外建设环境研究、项目可行性分析和风险评估，用好对外投资合作保险、外派劳务保险等。鼓励保险机构为企业提供项目风险咨询服务。强化对高风险国家和地区项目运作的指导和监管，配合国家相关部门做好风险预警、信息发布、人员转移、资产保全等相关工作。整合高校、企业专项人才，建立建设工程技术专家库，及时组织国内外有关专家帮助企业解决对外工程承包中遇到的技术难题，为工程建设提供技术支撑服务。（市城乡建设委、市政府外办、市商务局、青岛保监局按职责分工负责）

保险机制引入建设工程质量风险管理体系。建设工程质量潜在缺陷保险是开发商投保、由保险公司根据保险条款约定，对在保修范围和保修期限内出现的、由于工程质量潜在缺陷所导致的投保建筑物损坏履行赔偿义务。上海市把保险的风险控制机制纳入建设工程质量安全管理体系，2016年6月，正式启动推行住宅建设工程质量潜在缺陷保险制度，在全市保障性住宅工程和浦东新区范围内的商品住宅工程中实施，同时鼓励其他区县的商品住宅工程逐步推行工程质量潜在缺陷保险。

传承培育工匠精神。培育建筑业"大工匠"，是加快建筑业供给侧结构性改革、结构调整和转型升级的迫切需要，有利于发挥建筑业高技能人才的示范带动作用，激发建筑工人学习新技术、提升新技能的积极性和主动性，加快推动建筑工人职业化发展步伐。2016年9月，西安市城乡建设委员会印发《西安市建筑行业传承和培育工匠精神的实施意见》。"十三五"期间，西安市大型和中小型国有建筑业企业每年分别培养选树 50 名和 30 名左右"金牌建筑工匠",大型和中型民营建筑业企业每年分别培养选树 30 名和 10 名左右"金牌建筑工匠"。在此基础上,西安市城乡建设委员会每年择优命名"长安建筑大工匠",选树和表彰建筑行业技能标兵,打造具有地方和行业特色、引领高技能操作水平的建筑工匠队伍。

治理拖欠农民工工资问题。2016 年,各地通过创新监管机制,强化问责,治理拖欠农民工工资问题。福建省提出全面建立健全工资支付保障制度、落实政府欠薪应急周转金制度、加强对欠薪违法行为的打击和约束、全面开展创建"无欠薪项目部"活动、落实工资支付及监管各方责任等措施全面治理拖欠农民工工资问题,努力实现到 2020 年基本无拖欠目标。四川省明确到 2020 年,形成制度完备、责任落实、监管有力的治理格局,使拖欠农民工工资问题得到根本遏制,努力实现基本无拖欠。江苏省创新监管机制,打造窗口、电话、网络"三位一体"欠薪联动举报投诉平台,并将严重欠薪企业纳入"黑名单"。农民工在江苏任何地方遇到欠薪问题,只需拨打投诉电话、到省内任何一个劳动保障监察接待窗口,或者登录各级人力资源和社会保障门户网站,均可方便快捷地表达维权诉求。安徽省提出依法规范企业劳动用工管理,进一步健全工资支付保障制度,切实加强建设领域工程款支付管理,依法严惩拖欠工资违法行为,严格落实保障工资支付责任。

加强交流合作促进优势互补。2016 年,贵州省住房和城乡建设厅与河南省住房和城乡建设厅签署两省建筑领域交流合作框架协议,促进两地优势资源互补,扩大项目合作,推动两省建筑业发展迈上新台阶。宁夏回族自治区住房和城乡建设厅与贵州省住房和城乡建设厅签订对口合作协议,在基础设施建设合作领域,两省区将协商组织有关市县建立友好合作关系,加强在技术资本、项目运作等方面的合作,加快推动地下综合管廊、城市棚户区和农村危房、海绵城市、综合交通枢纽及城乡垃圾治理、污水处理等基础设施项目建设改造。鼓励两省区建筑施工、市政工程等专业化企业共同投资开发项目,对进入双方市场开展城乡建设的企业提供"绿色通道"。

第二章　中国建筑业发展状况

一、发展特点

(一) 产业规模稳中有进

2016 年是"十三五"规划的开局之年，建筑业立足于转变发展方式、调整产业结构，大力推进供给侧结构性改革，产业规模继续实现稳中有进。全国具有资质等级的总承包和专业承包建筑业企业完成建筑业总产值 193566.78 亿元，比上年增长 7.1%；签订合同额 374272.24 亿元，比上年增长 10.8%；大部分建筑业上市公司每股收益有所提升。建筑业在国民经济中的支柱产业作用依然突出，建筑业增加值占国内生产总值的 6.66%。全国具有资质等级的总承包和专业承包建筑业企业从业人员占全国就业人员总数的 6.68%。

(二) 建筑业增速稳步回升

2016 年，建筑业总产值增速扭转了自 2011 年以来的持续下滑态势，稳步回升，建筑业总产值比上年增长 7.1%。全国具有资质等级的总承包和专业承包建筑业企业签订合同额比上年增长 10.8%，房屋建筑施工面积增长 2%，增速有所回升。国家统计局数据显示，2016 年，基础设施投资运行态势良好，基础设施投资 118878 亿元，比上年增长 17.4%，基础设施投资占固定资产投资（不含农户）的比重为 19.9%。基础设施建设市场成为建筑业新的增长点。

(三) 企业分化明显

随着建筑市场竞争的加剧，建筑业企业出现明显分化。房屋建筑市场总体出现下滑态势，以房建施工为主业的建筑施工企业业务进一步萎缩，面临生存困境。一些自身融资能力、资源整合能力较强的企业以 PPP 模式参与铁路、公路、市政等基础设施建设，PPP 业务迅速推进，新签合同额快速增长。新形势下，建筑业迈向能力竞争时代，在资本运营、投融资能力、技术应用、项目建设与管理、运营维护等方面综合实力强的建筑企业逐渐成为市场主导，占据高端建筑市场，具备较强的市场优势。

（四）转型步伐加快

2016 年，建筑业企业继续深入推进改革和转型升级，一些企业结合形势和市场变化调整产业结构，调整经营策略，不断优化业务组合，培育新的盈利来源，在市场竞争中赢得主动和先机。一些企业抢抓市场机遇，积极拓展业务范围，将建造能力与资本运作能力结合，不断提高融资建设一体化能力，服务模式由工程承包模式向投融资建设运营一体化模式转变，PPP 业务推进卓有成效。一些企业紧跟国家"一带一路"倡议，大力拓展海外市场，海外业务快步发展。

（五）市场环境不断优化

2016 年，建筑市场环境进一步优化。住房和城乡建设部继续深化行政审批制度改革，推进简政放权，放管结合，简化建筑业企业资质标准部分指标，简化工程监理企业资质申报材料，建筑业企业资质和工程招标代理机构资格实行网上申报和审批。通过清理规范工程建设领域保证金，减轻企业负担，激发市场活力。完善建筑市场监管信息平台，规范建筑市场，将"全国建筑市场监管与诚信信息发布平台"进行升级，更名为"全国建筑市场监管公共服务平台"，并正式上线运行。

二、建筑施工

（一）规模分析

产业总体规模继续扩大。 2016 年，全国具有资质等级的总承包和专业承包建筑业企业完成建筑业总产值 193566.78 亿元，比上年增长

7.1%（表2-1、图2-1）。签订合同额374272.24亿元，增长10.8%。完成房屋建筑施工面积1264219.92万平方米，增长2.0%；完成房屋建筑竣工面积422375.65万平方米，增长0.4%。按建筑业总产值计算的劳动生产率为336929元/人，增长4.0%；共有建筑业企业83017个。

2012—2016年建筑业企业主要经济指标比较　　　　表 2-1

类别/年份	2012	2013	2014	2015	2016
企业数量（个）	75280	78919	81141	80911	83017
建筑业总产值（亿元）	137217.86	160366.06	176713.42	180757.47	193566.78
建筑业增加值（亿元）	36896	40897	44880	46627	49522
利润总额（亿元）	4776.14	5575.00	6407.13	6451.23	6745
劳动生产率（按总产值计算）（元/人）	296424	324842	317633	324026	336929
产值利润率（%）	3.5	3.5	3.6	3.6	3.5

注：建筑业增加值各年度数据、利润总额2016年数据引自国家统计局《2016年国民经济和社会发展统计公报》；其他经济指标2012—2015年数据引自《中国统计年鉴》，2016年数据引自国家统计局《2016年建筑业企业生产情况统计快报》。

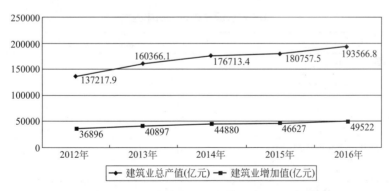

图 2-1　2012—2016年建筑业总产值、建筑业增加值图示

支柱产业作用依然突出。 2016年，全社会建筑业实现增加值49522亿元，占全年国内生产总值的6.66%，支柱产业作用依然突出。建筑业还是拉动就业的重要力量，全国具有资质等级的总承包和专业承包建筑业企业从业人员5185.24万人，占全国就业人员总数的6.68%。

(二)效益分析

2016年,全社会建筑业实现增加值49522亿元,比上年增长6.6%。企业经营效益稳步提高,全国具有资质等级的总承包和专业承包建筑业企业实现利润6745亿元,增长4.6%;其中,国有控股企业1879亿元,增长6.8%。建筑业的产值利润率为3.5%。按建筑业总产值计算的劳动生产率为336929元/人,比上年增长4.0%。

(三)结构分析

1.产品结构

房地产开发投资平稳增长。 2016年,房地产开发投资102581亿元,比上年增长6.9%。其中,住宅投资68704亿元,增长6.4%;办公楼投资6533亿元,增长5.2%;商业营业用房投资15838亿元,增长8.4%。

2016年,房屋建筑竣工面积422375.65万平方米。其中,住宅房屋竣工面积所占比重最高,达67.2%;其次为厂房及建筑物、商业及服务用房屋,所占比重分别为11.8%、7.2%(表2-2)。

2016年房屋建筑竣工面积构成　　　　　　表2-2

房屋类型	竣工面积(万平方米)	所占比例(%)
住宅房屋	284026.60	67.2
商业及服务用房屋	30318.35	7.2
办公用房屋	23539.41	5.6
科研、教育和医疗用房屋	17692.02	4.2
文化、体育和娱乐用房屋	4242.93	1.0
厂房及建筑物	49923.76	11.8
仓库	2805.04	0.7
其他未列明的房屋建筑物	9827.54	2.3

注:各类房屋建筑竣工面积数据引自国家统计局《2016年建筑业企业生产情况统计快报》。

交通固定资产投资稳步增长。 2016年,全国完成铁路公路水路固定资产投资27902.63亿元,比上年增长4.7%。

全年完成铁路固定资产投资8015亿元，投产新线3281公里，其中高速铁路1903公里。年末全国铁路营业里程达到12.4万公里，比上年增长2.5%，其中高铁营业里程超过2.2万公里。

全年完成公路建设投资17975.81亿元，比上年增长8.9%。其中，高速公路建设完成投资8235.32亿元，增长3.6%；普通国省道建设完成投资6081.28亿元，增长14.0%；农村公路建设完成投资3659.20亿元，增长13.4%，新改建农村公路29.90万公里。

全年完成水运建设投资1417.37亿元，比上年下降2.7%。其中，内河建设完成投资552.15亿元，增长1.0%，内河港口新建及改（扩）建码头泊位173个，新增通过能力13335万吨，其中万吨级及以上泊位新增通过能力3989万吨，全年新增及改善内河航道里程750公里；沿海建设完成投资865.23亿元，下降5.0%，沿海港口新建及改（扩）建码头泊位171个，新增通过能力22487万吨，其中万吨级及以上泊位新增通过能力21019万吨。

全年完成公路水路支持系统及其他建设投资494.45亿元，比上年增长9.8%。

2. 所有制结构

国有企业骨干作用继续发挥。2016年，在具有资质等级的总承包和专业承包建筑业企业中，国有及国有控股建筑业企业6814个，占全部企业数量的8.2%；国有及国有控股企业从业人员为975.16万人，占全部企业的18.8%。

2016年，国有及国有控股建筑业企业完成建筑业总产值59517.89亿元，增长8.4%，占全部企业的30.7%；签订合同额165812.82亿元，增长16.0%，占全部企业的44.3%；竣工产值25956.46亿元，增长4.3%，占全部企业的23.0%；实现利润1879亿元，增长6.8%。全国具有资质等级的总承包和专业承包建筑业企业按建筑业总产值计算的劳动生产率为336929元/人，国有及国有控股建筑业企业为489413元/人。

国有及国有控股建筑业企业数量占全部有资质企业的8.2%，完成了30.7%的总产值、44.3%的合同额、23.0%的竣工产值，充分显示了国有及国有控股企业在建筑业中的骨干作用（表2-3）。

2016年国有及国有控股建筑业企业主要生产指标占全部企业的比重 表2-3

类别	全国建筑业企业	国有及国有控股建筑业企业	国有及国有控股建筑业企业占全部企业的比重
企业数量（个）	83017	6814	8.2%
从业人数（万人）	5185.24	975.16	18.8%
建筑业总产值（亿元）	193566.78	59517.89	30.7%
签订合同额（亿元）	374272.24	165812.82	44.3%
竣工产值（亿元）	112892.60	25956.46	23.0%

注：数据引自国家统计局《2016年建筑业企业生产情况统计快报》。

2016年，国有及国有控股建筑业企业完成建筑业总产值居前的省市依次是：北京、湖北、广东、上海、陕西、天津。签订合同额居前的省市依次是：北京、湖北、上海、广东、陕西、天津（表2-4）。

2016年国有及国有控股企业建筑业总产值、合同额地区份额 表2-4

建筑业总产值		合同额	
地区	数额（亿元）	地区	数额（亿元）
北京	6744.88	北京	22595.02
湖北	5573.24	湖北	16227.57
广东	3661.08	上海	12893.65
上海	3484.70	广东	11531.78
陕西	3332.09	陕西	8878.68
天津	3063.62	天津	8759.16

注：数据引自国家统计局《2016年建筑业企业生产情况统计快报》。

3. 地区结构

2016年，建筑业总产值排在前6位的地区依次是：江苏、浙江、湖北、山东、四川、广东，上述6省完成的建筑业总产值占全国建筑业总产值的47.7%。其中，江苏和浙江分别占13.3%和12.9%（表2-5）。

2016 年建筑业总产值地区份额　　　　　　　　表 2-5

地区	建筑业总产值(亿元)
江苏	25791.76
浙江	24989.37
湖北	11862.40
山东	10087.43
四川	9959.68
广东	9652.31

注：数据引自国家统计局《2016 年建筑业企业生产情况统计快报》。

2016 年，建筑业总产值增速最快的是贵州、云南、广西，增速分别为 21.3％、18.3％、16.8％。

在省外完成建筑业产值位居前列的省市依次是：浙江、江苏、北京、湖北，产值分别为 12851.38 亿元、11924.37 亿元、6002.53 亿元、4413.36 亿元。省外完成产值占建筑业总产值的比重位居前列的省市依次是：北京、浙江、上海、江苏，分别为 67.9％、51.4％、48.7％、46.2％。

4. 上市公司

2016 年，大部分建筑业上市公司的营业收入有所增长。营业收入前三名依次是中国建筑股份有限公司、中国中铁股份有限公司、中国铁建股份有限公司，营业收入分别为 9597.65 亿元、6394.07 亿元、6293.27 亿元。大部分建筑业上市公司的每股收益有所提升，每股收益前三名是中工国际工程股份有限公司、中国铁建股份有限公司、中国交通建设股份有限公司，每股收益分别为 1.38 元、1.03 元、0.97 元（表 2-6）。

建筑业上市公司 2016 年年报部分数据　　　　　　表 2-6

股票代码	公司名称	每股收益（元）		净利润(万元)		净资产收益率(％)		营业利润率(％)
		2015	2016	2015	2016	2015	2016	
000065	北方国际合作股份有限公司	0.64	0.95	30028.72	46104.90	14.67	16.79	7.17

续表

股票代码	公司名称	每股收益（元）		净利润(万元)		净资产收益率(%)		营业利润率(%)
		2015	2016	2015	2016	2015	2016	
000498	山东高速路桥集团股份有限公司	0.34	0.38	37700.57	42970.66	13.27	13.21	7.38
000758	中国有色金属建设股份有限公司	0.18	0.15	36042.96	29601.33	7.69	6.02	2.85
000797	中国武夷实业股份有限公司	0.33	0.46	12704.73	21966.42	10.89	10.96	13.24
002051	中工国际工程股份有限公司	1.13	1.38	105087.39	127960.73	18.87	19.55	17.98
002060	广东水电二局股份有限公司	0.18	0.22	10700.74	13465.12	4.21	5.05	2.57
002062	宏润建设集团股份有限公司	0.19	0.21	21112.40	23299.46	9.11	9.53	3.45
002135	浙江东南网架股份有限公司	0.05	0.06	3458.35	4912.46	1.84	2.04	0.83
002140	东华工程科技股份有限公司	0.40	0.18	17907.34	8180.02	9.38	4.07	5.39
002524	光正集团股份有限公司	0.01	0.01	649.73	484.19	0.84	0.62	0.96
002542	中化岩土集团股份有限公司	0.13	0.14	22706.02	24854.80	12.82	9.17	12.61
002586	浙江省围海建设集团股份有限公司	0.09	0.13	6327.66	9306.21	4.03	5.76	5.43
002628	成都市路桥工程股份有限公司	0.03	0.06	1874.44	4392.05	0.71	1.67	2.87
600039	四川路桥建设股份有限公司	0.35	0.35	105788.12	104455.26	13.09	11.24	4.64
600068	中国葛洲坝集团股份有限公司	0.58	0.69	268305.00	339531.26	13.82	14.78	4.55

续表

股票代码	公司名称	每股收益（元）		净利润（万元）		净资产收益率（%）		营业利润率（%）
		2015	2016	2015	2016	2015	2016	
600170	上海建工股份有限公司	0.26	0.28	187053.64	209550.12	9.78	9.85	1.82
600248	陕西延长石油化建股份有限公司	0.20	0.20	12113.56	12281.65	6.85	6.56	4.00
600284	上海浦东路桥建设股份有限公司	0.55	0.52	37915.78	35911.23	7.76	6.99	20.90
600477	杭萧钢构股份有限公司	0.13	0.43	12051.04	44875.84	9.85	24.08	11.65
600491	龙元建设集团股份有限公司	0.22	0.28	20500.65	34842.37	5.97	6.99	3.43
600496	长江精工钢结构（集团）股份有限公司	0.13	0.07	19159.06	10957.31	5.55	3.00	2.12
600502	安徽水利开发股份有限公司	0.28	0.34	25588.41	30564.20	11.69	11.14	3.97
600512	腾达建设集团股份有限公司	−0.03	0.07	−2869.69	8447.41	−1.52	3.13	2.83
600820	上海隧道工程股份有限公司	0.47	0.53	148063.66	165298.73	9.15	9.59	6.86
600853	龙建路桥股份有限公司	0.05	0.05	2518.60	2930.72	2.92	3.50	0.39
600970	中国中材国际工程股份有限公司	0.39	0.29	66427.51	51138.34	12.97	7.73	2.93
601117	中国化学工程股份有限公司	0.58	0.36	284178.89	177038.43	11.45	6.59	3.81
601186	中国铁建股份有限公司	0.98	1.03	1264547.8	1399961.0	12.41	11.55	2.88
601390	中国中铁股份有限公司	0.53	0.52	1225767.4	1250916.5	10.94	9.57	2.57

续表

股票代码	公司名称	每股收益（元）		净利润(万元)		净资产收益率(%)		营业利润率(%)
		2015	2016	2015	2016	2015	2016	
601618	中国冶金科工股份有限公司	0.24	0.25	480156.2	537585.8	9.46	9.30	3.19
601668	中国建筑股份有限公司	0.84	0.96	2606189.8	2987010.4	16.00	15.87	5.33
601669	中国电力建设股份有限公司	0.38	0.47	523647.80	677181.25	10.80	12.30	3.99
601789	宁波建工股份有限公司	0.20	0.20	19100.49	19538.65	8.41	8.15	1.84
601800	中国交通建设股份有限公司	0.95	0.97	1569628.46	1674307.42	11.88	11.73	4.92

三、勘察设计

（一）规模分析

2016年，全国工程勘察设计企业营业收入总计33337.5亿元，与上年相比增加23.1%。其中，工程勘察收入833.7亿元，占营业收入的2.5%；工程设计收入3610.5亿元，占营业收入的10.8%；工程总承包收入10784.6亿元，占营业收入的32.3%；工程技术管理服务收入432.8亿元，占营业收入的1.3%。

2016年，工程勘察设计企业全年利润总额1961.3亿元，与上年相比增加20.8%；企业净利润1617亿元，与上年相比增加22.5%。

2016年，工程勘察完成合同额合计734.2亿元，与上年相比增加13.3%；工程设计完成合同额合计3542.7亿元，与上年相比增加15.8%。工程总承包完成合同额合计13856.3亿元，与上年相比增加8%；工程技术管理服务完成合同额合计485.9亿元，与上年相比增加0.5%。其中，工程咨询完成合同额190.3亿元，与上年相比增加6.4%。境外工程完成合同额合计1614.6亿元，与上年相比增加28.6%。

(二) 结构分析

1. 业务结构

2016年，工程勘察设计企业营业收入中，工程勘察营业收入占总营业收入的2.50%；工程设计营业收入占总营业收入的10.83%；工程技术管理服务营业收入占总营业收入的1.30%；工程总承包营业收入占总营业收入的32.35%。

2. 企业结构

2016年，全国共有21983个工程勘察设计企业参加了统计，与上年相比增长7.3%。其中，工程勘察企业1903个，占企业总数8.7%；工程设计企业17582个，占企业总数80%；工程设计与施工一体化企业2498个，占企业总数11.4%。

3. 人员结构

2016年，工程勘察设计行业年末从业人员320.2万人，与上年相比增长5.2%；年末专业技术人员154万人。其中，具有高级职称人员35.2万人，占从业人员总数的11%；具有中级职称人员58万人，占从业人员总数的18.1%。年末取得注册执业资格人员累计34.9万人次，占年末从业人员总数的10.9%。

四、工程服务

(一) 工程监理

1. 规模分析

2016年，工程监理企业全年营业收入2695.59亿元，与上年相比增长8.92%（图2-2）。其中工程监理收入1104.72亿元，与上年相比增长10.26%；工程勘察设计、工程项目管理与咨询服务、工程招标代理、工程造价咨询及其他业务收入1590.87亿元，与上年相比增长8%。其中18个企业工程监理收入突破3亿元，44个企业工程监理收入超过2亿元，155个企业工程监理收入超过1亿元，工程监理收入过亿元的企业个数与上年相比增长18.32%。

2016年,工程监理企业承揽合同额3084.83亿元,与上年相比增长8.36%。其中工程监理合同额1400.22亿元,与上年相比增长11.52%;工程勘察设计、工程项目管理与咨询服务、工程招标代理、工程造价咨询及其他业务合同额1684.62亿元,与上年相比增长5.87%。

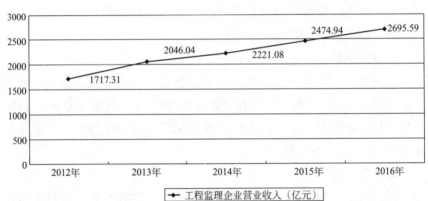

图2-2 2012—2016年工程监理企业营业收入发展图示

2. 结构分析

(1)业务结构

2016年,工程监理收入占总营业收入的40.98%,工程监理合同额占总业务量的45.39%。

(2)企业结构

2016年,全国共有7483个建设工程监理企业参加了统计,与上年相比增长0.67%。其中,综合资质企业149个,增长17.32%;甲级资质企业3379个,增长4%;乙级资质企业2869个,增长0.3%;丙级资质企业1081个,减少9.01%;事务所资质企业5个,减少44.44%。

(3)人员结构

2016年年末,工程监理企业从业人员1000489人,与上年相比增长5.78%。其中,正式聘用人员715913人,占年末从业人员总数的71.56%;临时聘用人员284576人,占年末从业人员总数的28.44%;工程监理从业人员为716674人,占年末从业总数的71.63%。

2016年年末,工程监理企业专业技术人员849434人,与上年相比增长3.6%。其中，高级职称人员129695人，中级职称人员371948人，初级职称人员214107人，其他人员138890人。专业技术人员占年末从业人员总数的84.9%。

2016年年末，工程监理企业注册执业人员为253674人，与上年相比增长13.58%。其中，注册监理工程师为151301人，与上年相比增长1.32%，占总注册人数的59.64%；其他注册执业人员为102373人，占总注册人数的40.36%。

(二) 工程招标代理

1. 规模分析

2016年，工程招标代理机构的营业收入总额为2544.18亿元，比上年减少0.72%。其中，工程招标代理收入306.82亿元，工程监理收入441.3亿元，工程造价咨询收入332.15亿元，工程项目管理与咨询服务收入301.73亿元，其他收入1162.18亿元。

2016年，工程招标代理机构工程招标代理中标金额97896.03亿元，比上年增长18.4%。其中，房屋建筑和市政基础设施工程招标代理中标金额78428.65亿元，占工程招标代理中标金额的80.11%；招标人为政府和国有企事业单位工程招标代理中标金额67814.25亿元，占工程招标代理中标金额的69.27%。

2016年，工程招标代理机构承揽合同约定酬金合计1707.9亿元，比上年增长23.18%。其中，工程招标代理承揽合同约定酬金为300.51亿元，占总承揽合同约定酬金的17.6%；工程监理承揽合同约定酬金为444.89亿元；工程造价咨询承揽合同约定酬金为297.05亿元；项目管理与咨询服务承揽合同约定酬金为239.16亿元；其他业务承揽合同约定酬金为426.29亿元。

2. 结构分析

(1) 业务结构

2016年，在工程招标代理机构的营业收入中，工程招标代理收入占12.06%，工程监理收入占17.35%，工程造价咨询收入占13.05%，工程项目管理与咨询服务收入占11.86%，其他收入占45.68%（图2-3）。

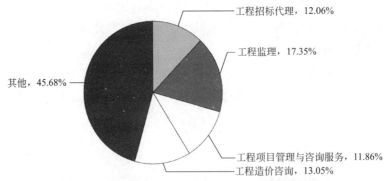

图 2-3　2016 年工程招标代理机构营业收入构成图示

(2) 企业结构

2016 年度参加统计的全国工程招标代理机构共 6495 个，比上年增长 6.44%。

按照资格等级划分，甲级机构 1957 个，比上年增长 9.51%；乙级机构 2786 个，比上年下降 0.11%，暂定级机构 1752 个，比上年增长 14.81%。

按照企业登记注册类型划分，国有企业和国有独资公司共 263 个，股份有限公司和其他有限责任公司共 3302 个，私营企业 2802 个，港澳台投资企业 5 个，外商投资企业 4 个，其他企业 53 个。

(3) 人员结构

2016 年年末，工程招标代理机构从业人员合计 581700 人，比上年增长 5.85%。其中，正式聘用人员 536042 人，占年末从业人员总数的 92.15%；临时工作人员 45658 人，占年末从业人员总数的 7.85%。

2016 年年末，工程招标代理机构正式聘用人员中专业技术人员合计 464325 人，比上年增长 6.4%。其中，高级职称人员 78695 人，中级职称 208100 人，初级职称 109031 人，其他人员 68499 人。专业技术人员占年末正式聘用人员总数的 85.25%。

2016 年年末，工程招标代理机构正式聘用人员中注册执业人员合计 130677 人，比上年增长 15.83%。其中，注册造价工程师 58977 人，占总注册人数的 45.13%；注册建筑师 1391 人，占总注册人数的

1.06%；注册工程师 4268 人，占总注册人数的 3.27%；注册建造师 24983 人，占总注册人数的 19.12%；注册监理工程师 39591 人，占总注册人数的 30.3%；其他注册执业人员 1467 人，占总注册人数的 1.12%。从统计报表情况看，94.36%的工程招标代理机构的注册造价工程师数量能够满足企业资格标准要求，其中，96.47%的甲级工程招标代理机构的注册造价工程师数量能够满足企业资格标准要求。

（三）工程造价咨询服务

1. 规模分析

2016 年，工程造价咨询企业的营业收入为 1203.76 亿元，比上年增长 11.51%。其中，工程造价咨询业务收入 595.72 亿元，增长 15.37%，占 49.49%；招标代理业务收入占 10.82%；建设工程监理业务收入占 20.6%；项目管理业务收入占 11.15%；工程咨询业务收入占 7.94%。

2. 结构分析

（1）业务结构

在工程造价咨询业务收入中，按所涉及专业划分，房屋建筑工程专业收入 348.91 亿元，占全部工程造价咨询业务收入比例为 58.57%；市政工程专业收入 93.67 亿元，占 15.72%；公路工程专业收入 27.73 亿元，占 4.65%；火电工程专业收入 15.16 亿元，占 2.55%；水利工程专业收入 12.93 亿元，占 2.17%；其他各专业收入合计 97.32 亿元，占 16.34%（图 2-4）。

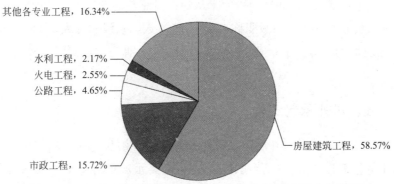

图 2-4　2016 年工程造价咨询企业业务收入分布图示(按专业划分)

按工程建设的阶段划分，前期决策阶段咨询业务收入为 56.42 亿元、实施阶段咨询业务收入 138.18 亿元、竣工结（决）算阶段咨询业务收入 235.74 亿元、全过程工程造价咨询业务收入 142.73 亿元、工程造价经济纠纷的鉴定和仲裁的咨询业务收入 10.63 亿元，各类业务收入占工程造价咨询业务收入比例分别为 9.47％、23.2％、39.57％、23.96％和 1.78％。此外，其他工程造价咨询业务收入 12.02 亿元，占 2.02％。

（2）企业结构

2016 年，全国共有 7505 家工程造价咨询企业参加了统计，比上年增长 5.6％。其中，甲级工程造价咨询企业 3381 家，增长 11.92％；乙级工程造价咨询企业 4124 家，增长 0.9％。专营工程造价咨询企业 2002 家，减少 3.2％；兼营工程造价咨询企业 5503 家，增长 9.2％。

（3）人员结构

2016 年年末，工程造价咨询企业共有从业人员 462216 人，比上年增长 11.54％。其中，正式聘用员工 426730 人，占年末从业人员总数的 92.32％；临时聘用人员 35486 人，占年末从业人员总数的 7.68％。

2016 年年末，工程造价咨询企业中共有注册造价工程师 81088 人，比上年增长 10.15％，占全部造价咨询企业从业人员的 17.54％；造价员 110813 人，比上年增长 2.02％，占全部造价咨询企业从业人员的 23.97％。

2016 年年末，工程造价咨询企业共有专业技术人员合计 314749 人，比上年增长 11.39％，占年末从业人员总数的 68.1％。其中，高级职称人员 67869 人，中级职称人员 161365 人，初级职称人员 85515 人，各级别职称人员占专业技术人员比例分别为 21.56％、51.27％、27.17％。

五、对外承包工程

2016 年，我国对外承包工程业务规模稳步增长。商务部数据显示，对外承包工程业务完成营业额 1594.2 亿美元，同比增长 3.5％；新签合同额 2440.1 亿美元，同比增长 16.2％。对外承包工程新签大项目多,带动出口作用明显。对外承包工程新签合同额在5000万美元以上的项目815个,比上年同期增加91个。亚吉铁路、中巴经济走廊等一批国际产能合作和基础设施互联互通项目成功实施。全年对外承包工程带动出口133亿美元。2016年,对外承包工程企业在"一带一路"建设中继续发挥重要作用。对外承包工程企业在"一带一路"沿线61个国家新签对外承包工程项目合同8158份,新签合同额1260.3亿美元,占同期我国对外承包工程新签合同额的51.6%,同比增长36%;完成营业额759.7亿美元,占同期总额的47.7%,同比增长9.7%。

六、安全形势

2016年,全国共发生房屋市政工程生产安全事故634起、死亡735人,比上年同期事故起数增加192起、死亡人数增加181人,同比分别上升43.44%和32.67%。全国有30个地区发生房屋市政工程生产安全事故,其中有19个地区的死亡人数同比上升。

全国共发生房屋市政工程生产安全较大事故27起、死亡94人,比上年同期事故起数增加5起、死亡人数增加9人,同比分别上升22.73%和10.59%。未发生重大及以上事故。全国有15个地区发生房屋市政工程生产安全较大事故。其中贵州、山东各发生4起,四川、河南、上海、辽宁、重庆、河北各发生2起,吉林、黑龙江、湖北、浙江、内蒙古、福建、新疆各发生1起。

高处坠落、物体打击、坍塌、起重伤害等是事故主要类型。2016年,房屋市政工程生产安全事故按照类型划分,高处坠落事故333起,占总数的52.52%;物体打击事故97起,占总数的15.30%;起重伤害事故56起,占总数的8.83%;坍塌事故67起,占总数的10.57%;机械伤害、触电、车辆伤害、中毒和窒息等其他事故81起,占总数的12.78%。

2016年,共发生27起较大事故,模板支撑体系坍塌事故8起、死亡30人,分别占较大事故总数的29.63%和31.91%;起重机械发生事故7起、死亡26人,分别占较大事故总数的25.93%和27.66%;土方、基坑、围墙坍塌事故8起、死亡25人,分别占较大事故总数的

29.63%和26.60%;钢网架坍塌事故1起、死亡4人,分别占较大事故总数的3.70%和4.26%;脚手架坍塌事故1起、死亡3人,分别占较大事故总数的3.70%和3.19%;淹溺事故1起、死亡3人,分别占较大事故总数的3.70%和3.19%;高处坠落事故1起、死亡3人,分别占较大事故总数的3.70%和3.19%。

安全生产形势依然比较严峻。 一是全国房屋市政工程生产安全事故起数和死亡人数与2015年相比均有较大上升。二是较大事故时有发生,特别是造成群死群伤的事故还没有完全遏制。分析2016年事故统计数据上升明显的主要原因是因为国家安全监管总局调整了事故上报方式,同时也与部分地区施工企业安全生产隐患排查治理工作不到位、安全监管责任和主体责任未落到实处等问题有关,安全监管仍需继续加强和完善。

第三章 优化发展环境 促进行业发展

一、政府高度重视

建筑业是国民经济的支柱产业,党中央、国务院高度重视建筑业改革发展,2016年以来,出台政策措施,促进建筑业持续健康发展。

2017年2月,《国务院办公厅关于促进建筑业持续健康发展的意见》发布。这是建筑业改革发展的顶层设计,是今后一段时间内建筑业改革发展的纲领性文件,对促进建筑业持续健康发展具有重要意义。

《意见》指出,建筑业是国民经济的支柱产业。改革开放以来,我国建筑业快速发展,建造能力不断增强,产业规模不断扩大,吸纳了大量农村转移劳动力,带动了大量关联产业,对经济社会发展、城乡建设和民生改善作出了重要贡献。但也要看到,建筑业仍然大而不强,监管体制机制不健全、工程建设组织方式落后、建筑设计水平有待提高、质量安全事故时有发生、市场违法违规行为较多、企业核心竞争力不强、工人技能素质偏低等问题较为突出。

《意见》提出,坚持以推进供给侧结构性改革为主线,按照适用、经济、安全、绿色、美观的要求,深化建筑业"放管服"改革,完善监管体制机制,优化市场环境,提升工程质量安全水平,强化队伍建设,增强企业核心竞争力,促进建筑业持续健康发展,打造"中国建造"品牌。

在改革举措方面,《意见》要求,深化建筑业简政放权改革,优化资质资格管理,完善招标投标制度;完善工程建设组织模式,加快推行工程总承包,培育全过程工程咨询;加强工程质量安全管理,严格落实工程质量责任,加强安全生产管理,全面提高监管水平;优化建筑市场环境,建立统一开放市场,加强承包履约管理,规范工程价款结算;提高从业人员素质,加快培养建筑人才,改革建筑用工制度,保护工人合法权益;推进建筑产业现代化,推广智能和装配式建筑,提升建筑设计水平,加强技术研发应用,完善工程建设标准;加快建筑业企业"走出去",加强中外标准衔接,提高对外承包能力,加大政策扶持力度。

发展装配式建筑是建造方式的重大变革,是推进供给侧结构性改革和新型城镇化发展的重要举措,有利于节约资源能源、减少施工污染、提升劳动生产效率和质量安全水平,有利于促进建筑业与信息化工业化深度融合、培育新产业新动能、推动化解过剩产能。2016年9月,《国务院办公厅关于大力发展装配式建筑的指导意见》发布。《指导意见》要求,按照适用、经济、安全、绿色、美观的要求,推动建造方式创新,大力发展装配式混凝土建筑和钢结构建筑,在具备条件的地方倡导发展现代木结构建筑,不断提高装配式建筑在新建建筑中的比例。《指导意见》提出,以京津冀、长三角、珠三角三大城市群为重点推进地区,常住人口超过300万的其他城市为积极推进地区,其余城市为鼓励推进地区,因地制宜发展装配式混凝土结构、钢结构和现代木结构等装配式建筑。力争用10年左右的时间,使装配式建筑占新建建筑面积的比例达到30%。同时,逐步完善法律法规、技术标准和监管体系,推动形成一批设计、施工、部品部件规模化生产企业,具有现代装配建造水平的工程总承包企业以及与之相适应的专业化技能队伍。《指导意见》还确定了健全标准规范体系、创新装配式建筑设计、优化部品部件生产、提升装配施工水平、推进建筑全装修、推广绿色建材、推行工程总承包、确保工程质量安全等重点任务。

二、推进简政放权

2016年,住房城乡建设部继续深化行政审批制度改革,推进简政放权,放管结合,优化市场环境,激发市场活力。

2016年5月,《住房城乡建设部办公厅关于规范使用建筑业企业资质证书的通知》下发。《通知》要求,为切实减轻企业负担,各有关部门和单位在对企业跨地区承揽业务监督管理、招标活动中,不得要求企业提供建筑业企业资质证书原件,企业资质情况可通过扫描建筑业企业资质证书复印件的二维码查询。

2016年10月,《住房城乡建设部关于简化建筑业企业资质标准部分指标的通知》下发。《通知》规定,除各类别最低等级资质外,取消关于注册建造师、中级以上职称人员、持有岗位证书的现场管理人员、技术工人的指标考核。取消通信工程施工总承包三级资质标准中关于注册建造师的指标考核。调整建筑工程施工总承包一级及以下资质的建筑面积考核指标。对申请建筑工程、市政公用工程施工总承包特级、一级资质的企业,未进入全国建筑市场监管与诚信信息发布平台的企业业绩,不作为有效业绩认定。

2016年11月,《住房城乡建设部关于促进建筑工程设计事务所发展有关事项的通知》下发。《通知》简化了《工程设计资质标准》(建市〔2007〕86号)中建筑工程设计事务所资质标准指标。减少建筑师等注册人员数量,放宽注册人员年龄限制,取消技术装备、标准体系等指标的考核。

2016年,住房城乡建设部还印发了《住房城乡建设部关于建设工程企业资质管理资产考核有关问题的通知》、《住房城乡建设部办公厅关于建筑业企业资质和工程招标代理机构资格实行网上申报和审批的通知》、《住房城乡建设部办公厅关于简化工程监理企业资质申报材料有关事项的通知》,提高审批效率,减少申报材料,方便服务企业。

三、减轻企业负担

2016年6月,《国务院办公厅关于清理规范工程建设领域保证金的通知》发布。《通知》规定,对建筑业企业在工程建设中需缴纳的保证金,除依法依规设立的投标保证金、履约保证金、工程质量保证金、农民工工资保证金外,其他保证金一律取消。转变保证金缴纳方式,推行银行保函制度,建筑业企业可以银行保函方式缴纳。对取消的保证金,各地要抓紧制定具体可行的办法,于2016年底前退还相关企业;对保留的保证金,要严格执行相关规定,确保按时返还。未按规定或合同约定返还保证金的,保证金收取方应向建筑业企业支付逾期返还违约金。

《通知》要求,在工程项目竣工前,已经缴纳履约保证金的,建设单位不得同时预留工程质量保证金。实行农民工工资保证金差异化缴存办法。对一定时期内未发生工资拖欠的企业,实行减免措施;对发生工资拖欠的企业,适当提高缴存比例。《通知》还要求,对保留的保证金,要抓紧修订相关法律法规,完善保证金管理制度和具体办法。对取消的保证金,要抓紧修订或废止与清理规范工作要求不一致的制度规定。在清理规范保证金的同时,要通过纳入信用体系等方式,逐步建立监督约束建筑业企业的新机制。未经国务院批准,各地区、各部门一律不得以任何形式在工程建设领域新设保证金项目。要全面推进工程建设领域保证金信息公开,建立举报查处机制,定期公布查处结果,曝光违规收取保证金的典型案例。

住房城乡建设部会同有关部门认真落实国务院决策部署,采取多种措施,确保政策落到实处。住房城乡建设部会同财政部、人力资源和社会保障部联合召开电视电话会议,对清理规范工程建设领域保证金作出全面部署。住房城乡建设部会同财政部印发通知,要求各地按照"一个企业不落、一个项目不落"的原则开展清查,确保按时返还。修订出台《工程质量保证金管理办法》,明确保证金的收取、返还、保函替代等要求。住房城乡建设部每月定期通报各地清理规范工程建设领域保证金工作进展。经过清理规范工作,减轻了企业负担,激发了市场活力,对促进建筑业健康发展发挥了重要作用。截至 2016 年 12 月底,各地建筑业企业使用银行保函替代现金形式保证金近 1200 亿元,盘活了企业流动资金。各地累计退还建筑业企业各类保证金 496.5 亿元。其中,应取消的保证金 280.8 亿元;逾期或超额收取的投标、履约、工程质量、农民工工资 4 类保证金共计 215.7 亿元。

四、规范建筑市场

2016 年,建筑市场监管信息平台不断完善,住房城乡建设部将"全国建筑市场监管与诚信信息发布平台"进行升级,更名为"全国建筑市场监管公共服务平台",并于 2016 年 11 月 30 日正式上线运行。截至 2016 年底,平台共发布企业信息 21 万余条、注册人员信息 256 万余条、工程项目信息 38 万余条、诚信信息 3 万余条。同时,住房城乡建设部要求各地继续推进省级建筑市场监管与诚信一体化平台建设工作,不断完善平台功能、丰富业务应用、提高数据质量。建筑市场监管信息平台的不断完善将有效降低企业管理和主管部门监管成本,有效防范和减少建筑市场违法违规行为。

第四章 加快转型步伐 构建发展优势

在经济发展进入新常态、行业改革不断深化的形势下，建筑业企业如何转型、取得新的快速发展已成为整个行业迫切需要解决的问题。2016年，建筑业企业加快转型步伐，积极通过转型获得新的发展优势。

一、改善结构优化供给

一些企业主动对接国家战略和市场需求，结合形势和市场变化调整产业结构，调整经营策略，围绕市场需求和新常态下固定资产投资方向进行相应的技术、管理、能力建设和调整，不断优化业务组合，培育新的盈利来源，在市场竞争中赢得主动和先机。

2016年，中国建筑股份有限公司紧跟国家"一带一路"倡议及"长江经济带"、"京津冀一体化"发展战略，坚持推进"大市场、大客户、大项目"营销策略，产业结构调整成效显著，基础设施业务迅猛发展，全年新签合同额达5748亿元，同比增长83.1%，占比提升至28%；实现营业收入1739亿元，同比增长23%。公司一方面继续重点发展公路、城轨与新型市政（污水及垃圾处理、地下管廊、海绵城市）、核电、港口、石化等重点领域；另一方面积极推广与政府及社会资本合作模式，在多个省市成立投融资公司推动项目开展。公司在基础设施业务领域市场竞争力不断增强，在管廊领域独占鳌头，已中标管廊项目里程超800公里，其中试点城市管廊里程237公里，市场占有率超4成，西安地下综合管廊项目计划投资额超过90亿元，是目前我国单笔投资额最大、总公里数最长、管线种类最多、智慧程度最高的城市地下综合管廊项目。轨道交通项目增长迅速，承接重庆轨道交通9号线全线、徐州地铁3号线全线等10个轨道交通项目。"民用核安全设备安装许可证"获得国家核安全局的延期批准，并承接广西防城港核电厂二期3、4号机组核岛项目，标志着公司在核电建设重启进程中取得里程碑式的突破。公司在基础设施业务领域的履约实力不断增强,全集团积极开展产业结构转型,大力向基建业务倾斜,新开工项目大幅增加。一些重大项目进展顺利,迈入产值高峰期,如公司南宁地铁 2 号线提前 67 天实现洞通;张家界大峡谷玻璃桥正式交付运营,创造了最高、最长、横向矢跨比最大的空间索面悬索桥等十项"世界之最";世界第一座海拔 4300 米以上的超特长公路隧道川藏公路北线雀儿山隧道顺利通车等。公司在基础设施业务领域平台打造迈出大步,以西北、西南、东北三个区域总部为载体,成立了中建丝路、中建长江、中建北方三个建设投资有限公司,组建中建隧道建设有限公司,加强基础设施领域开拓。

中国铁建股份有限公司结构调整和产业升级跨上新台阶。公司着眼企业长远发展,加快转型升级。一是进一步加快产业结构调整,未扣除分部间交易的非工程承包产业实现营业收入 1122.20 亿元,占比达到 17.20%,同比提高 1 个百分点。其中,勘察设计咨询产业稳健发展,在技术创新、产业协同、支撑服务、总承包和投融资经营等方面取得了可喜进展,营业收入同比增长 21.60%;工业制造产业逆势上扬,高端装备制造核心竞争力与品牌影响力明显增强,利润总额为 17.52 亿元,较 2015 年增长 77.87%,毛利较 2015 年增长 18.24%;房地产业抓住机遇、加快发展,销售额、营业收入和利润总额分别达到 494.80 亿元、383.20 亿元、48.85 亿元,分别同比增长 35.14%、33.66%、13.24%,特别是在合作开发与协同拿地方面打开了局面;物资物流产业,积极妥善化解大宗物资贸易风险,发展趋于平稳,物流与物资贸易及其他业务营业收入较 2015 年度增长 0.79%、利润总额增长 21.72 亿元。二是进一步强化投资驱动,2016 年投融资经营新签项目合同额达 2998.50 亿元,占新签合同总额的 24.60%,新持有收费高速公路运营里程 310 公里、总里程增至 1552 公里。三是进一步优化工程承包业务结构,传统"两路"业务中,公路新签合同额达到 2618.52 亿元,同比增长 42.72%;非"两路"新签合同额占比达到 50.25%,首次占据了"半壁江山",同比提高 10.09 个百分点,其中城轨、市政均首次突破千亿元大关,分别达到 1713.01 亿元、1394.98 亿元,分别同比增长 77.79%、246.29%,工程承包千亿级行业市场由 3 个增至 5 个。

中国电力建设股份有限公司除继续保持在水利水电工程建设领域的领先地位外，还充分发挥自身经验和技术、施工优势，积极承接或参建非水利水电工程承包业务。2016年，公司不断创新商业模式，大力整合社会资本资源，着力加强地铁、公路、铁路、市政、综合管廊等重点行业市场营销，成功中标郑州快速路PPP项目、河北太行山高速公路项目、长春、银川等地下管廊国家试点项目、成都地铁18号线等一批具有重大行业影响力、区域带动力的基础设施项目，基础设施业务已成为公司业务结构的重要组成部分。

中国冶金科工股份有限公司业务结构持续优化，基本建设业务大幅跃升，新兴产业阔步崛起。公司充分发挥集团、子公司、区域公司"三力合一"的强大市场开发合力，进一步强化"大环境、大客户、大项目"的设计与运作，优化完善市场布局，增强承揽"高新综大"项目的能力，持续加大在高端房建、高速公路、成片区开发、交通市政基础设施等非冶金领域的市场开拓力度，取得显著成效；公司围绕"新兴产业"大做文章，通过资源整合、技术进步、营销思维的转变，不断增强在新兴市场的竞争力，在城市地下综合管廊、环境工程与新能源、特色主题工程、海绵城市、美丽乡村与智慧城市等新兴产业取得了重大突破，确立起行业领先地位，成为"新兴产业的领跑者"。2016年，公司新签工程合同额4560亿元，再创历史新高，连续三年实现跨越式增长。其中，新签冶金工程合同额458亿元，新签非冶金工程合同额4102亿元。非冶金合同占全年新签工程合同的比重已经达到90%。工程板块营业收入的74.57%来源于非冶金工程，公司的项目储备与可持续发展能力稳步增强。非冶金重大项目的实施，推动着公司在基本建设、新兴产业领域的快速发展，优化了产品结构，提升了品牌影响力，增强了抵御市场风险的能力。

二、抢抓机遇推进转型

近年来，国家出台相关政策，推动政府和社会资本合作模式（PPP）开展基础设施投资建设，PPP成为基础设施投资建设的重要模式。一些企业积极跟踪市场动态，抢抓市场机遇，积极拓展业务范围，积极实现业务转型，在业务结构和商业模式上进行一系列调整，将建造能力与资本运作能力结合，不断提高融资建设一体化能力，服务模式由工程承包模式向投融资建设运营一体化模式转变，PPP业务推进卓有成效，发展势头良好。

中国葛洲坝集团股份有限公司PPP业务竞争优势进一步增强。面对竞争更加激烈、监管更为严格的PPP市场环境，公司坚持提升融资能力、商业模式设计能力、资源整合能力、商务谈判能力、风险控制能力，公司竞争优势进一步增强。完善了PPP业务的职责体系、运作流程、操作指南，设计了一整套PPP业务的规则、流程和模式，在行业内产生了较大影响，使PPP业务推进更高效、更稳健。2016年成功签约19个PPP项目，签约额719.26亿元，占公司国内市场签约额的50.28％。

中国电力建设股份有限公司紧抓PPP业务市场机遇，不断增强对PPP商业模式的驾驭能力，通过PPP等模式大力开拓基础设施业务。2016年，公司国内基础设施业务取得了快速增长，已成为公司发展的重要支撑性业务之一，中标了一批有重要影响力的项目。全年实现新签合同1543亿元，同比增长14％；中标PPP项目39个，中标总金额1982.7亿元。

龙元建设集团股份有限公司在稳步发展建筑施工业务的同时，大力推进PPP业务，推动公司由从传统的建筑施工企业逐步向"建筑＋投融资"业务模式转型升级。公司2014年底成立全资子公司龙元明城投资管理(上海)有限公司，2015年收购杭州城投建设有限公司，全面布局PPP投资业务。经过两年多的努力，PPP业务的发展依托集团的资源和总承包优势，发挥龙元明城项目洽谈和投融资专业优势，借助杭州城投建设项目建设管理能力，已经形成以集团为主体、龙元明城和杭州城投建设为两翼的"一体两翼"格局。随着政府对PPP项目的支持力度增加及相关配套制度的完善，参与PPP项目的社会资本日益增多。面对激烈的市场竞争环境，一方面公司集中优势资源，引进专业人才，加大市场拓展力度；另一方面精心筛选跟踪项目，确保中标项目的规范性、合法性，严防投资和建设运营风险，已中标项目中五个被列为国家级示范项目。同时，公司以开放的心态开展 PPP 平台搭建工作，积极寻求多方资源的战略合作，与运营机构、国有银行等金融机构以及建筑施工总承包商单位建立长期合作关系，积极完善合作单位数据库，提高市场竞争力和影响力。2016 年业务转型升级取得重大成效，在 PPP 业务领域已形成重要竞争力，PPP 业务发展迅猛，新承接业务 223.84 亿元，首次超传统施工业务量，2016 年度 PPP 业务贡献的利润 7862.04 万元。截至 2017 年 4 月累计中标项目 29 个，中标总投资额 360.19 亿元，覆盖市政、交通、农林水利、社会事业等领域，项目遍及 10 个省份。

三、创新提升竞争优势

一些企业以提高核心竞争力为目标，持续推进科技创新，依靠科技创新，拓展发展空间，创造发展机会，提升发展质量。

2016 年，中国冶金科工股份有限公司不断优化科技创新体系建设，全面提升科技创新能力，充分发挥科研与工程一体化的创新优势，持续释放技术创新的动力倍增效应，实现科技创新引领作用，成为促进公司转型升级的新引擎、新动能。根据科技发展战略，公司集中优势，占据高端，不断推进核心技术产品化、产品产业化。在基本建设领域，公司开发应用了复杂工业建筑抗震、装配式混凝土结构、复杂地貌下的市政道路及管廊建造成套技术，囊式扩体锚固等设计施工新技术；在新兴产业领域，公司在智慧化综合管廊、智慧园区、智慧能源环保、美丽乡村发展模式、基于 GIS 的雨洪模型开发、水环境装备、水生态修复等方面取得突破性进展，这些关键技术在工程实施中得到充分利用并获得了高度评价。为更好地支撑公司转型升级，优化产业结构，加快新兴产业发展，公司新组建了中国中冶水环境、康养产业及主题公园技术研究院，继续加大对新兴领域核心技术的研发力度，支撑新兴市场开发，为公司改革发展提供新动力。2016 年，公司继续推进实施"质量并举、质为先"的专利发展战略，努力提高发明专利占比，加强专利总体布局，并围绕"冶金建设、基本建设及新兴产业"三大领域构建具有核心竞争力的专利技术网，建立支撑主业发展的知识产权体系。2016 年，公司斩获多项国家级荣誉，取得了历史性突破。共获得国家科技进步二等奖 3 项，冶金科技奖 7 项，中国有色金属工业协会科学进步奖 11 项，中国建筑业协会中国建设工程施工技术创新成果奖 9 项，获得第二届中国建设工程 BIM 大赛卓越工程奖 5 项、单项奖 17 项。公司所属中国十七冶集团有限公司经国家工信部和财政部批准为 2016 年国家技术创新示范企业，成为集团内施工企业中第一个获此殊荣的企业。这些荣誉的取得，进一步扩大了业内影响力，提升了行业话语权。

中国建筑股份有限公司持续推进绿色建造、智慧建造、建筑工业化三大方向科研工作，创新成果不断涌现。参加国家重大科研取得突破，中国建筑牵头的六个"十三五"国家重点研发项目获批立项，在建筑领域唯一重点专项"绿色建筑与建筑工业化"专项中成功牵头 5 个项目研究，获得项目数居行业榜首。与中国工程院等单位签订战略合作协议，深入开展绿色建造、3D 打印等高端科技合作，进一步加大了国内外技术交流，展示了公司科技实力。通过加强对地铁、管廊、桥隧等基础设施业务的科技研发和技术服务，为该领域的业务拓展提供有力支撑。以公司为主要完成单位形成的《大跨空间钢结构关键技术研究与应用》获得国家科技进步二等奖，研发形成了异形复杂构件精益制造、4D 动态监控、自动化焊接等大跨空间钢结构绿色智能施工成套技术，为我国大跨空间结构施工技术提升做出了重要贡献。主编国家行业标准 6 项，参编国家行业标准 22 项，数量和质量均居行业前茅。国家授权专利 2927 项，其中发明专利 484 项。获得省部级工法 655 项。以示范工程为平台不断推进成果转化，通过设立 BIM、工业化等示范项目，全面推进研发、新技术推广与应用、成果产出、人才培养等工作的有机联动。

四、大力拓展海外市场

2016 年，建筑业企业紧跟国家政策导向，抢抓"一带一路"和国际产能合作机遇，国际化发展再创新成绩。

中国交通建设股份有限公司持续优化全球市场布局和资源配置能力，推动一批海外重大项目陆续落地，2016 年，来自于海外地区的新签合同额为 2237.70 亿元，占公司新签合同额的 30.62%。基建建设业务中海外工程新签合同额2058.59亿元，同比增长51.09%，占基建建设业务的34%。其中，新签合同额在3亿美元以上项目18个，总合同额175.20亿美元，占海外工程项目新签合同额的54%。2016年，公司超前部署，高端对接，在基础设施互联互通、产能合作、经贸产业合作区等国家"走出去"重点领域取得多项早期收获，实施带动了一批示范性项目。公司有效推动斯里兰卡海港城（金融城）投资项目复工，牙买加南北高速公路BOT项目通车运营顺利进入收费阶段；中标香港机场第三跑道系统两个标段，合同金额共计22亿美元，刷新了公司在港澳地区的现汇项目记录；公司牵头组成的联合体中标意大利威尼斯离岸深水港一期设计项目，实现公司首次在欧盟市场中标现汇基建项目，也是中国公司首次在欧盟发达国家中标现汇基建项目。2016年，公司加快海外优先战略引领，完善体系优配资源，开创海外业务发展新境界。制定《海外优先发展专项改革实施意见》，在海外优先发展责任、统筹、激励约束、人才等6项机制23项内容给予政策倾斜和措施保障，开启了海外优先发展的新征程。

中国建筑股份有限公司海外业务快步向前，全年新签合约额（含房地产业务）1264亿元，同比增长13.0%；实现营业收入796亿元，同比大幅增长30.3%，首次突破百亿美元大关。公司高度重视落实国家"一带一路"发展倡议，大力推进市场营销，已进入"一带一路"沿线65个重点国家中的44个，2016年在沿线市场新签合同额547亿元，同比大幅增长33%。承接的印尼111标志塔项目设计高度638米，将成为东南亚最高楼。马来西亚吉隆坡标志塔项目高423米，是我国企业目前境外在建最高建筑，施工进展顺利，标志着中国建筑将超高层建筑领域的优势成功输出海外。全集团对外经营"1+N"局面初步显现，初步形成了以中国建筑品牌为主、多家子企业共同出海的局面。获授对外经营许可的子公司已达13家。公司"大海外"事业平台厚积薄发，新市场开拓与培育成效显著，成功进入埃及、新西兰、哈萨克斯坦、肯尼亚、乌干达、马尔代夫、突尼斯、马里、尼泊尔等数个新市场，并在美国、中东、新加坡、印尼、马来西亚、加蓬等市场进一步扩大优势，公司开展实质性经营的市场已升至53个，海外市场布局进一步扩大和优化。海外业务领域多元化也取得明显进展，在轨道交通、机场、电力、石化等专业工程领域拓展迅速，签约哈萨克斯坦阿斯塔纳轻轨项目、巴基斯坦吉姆普尔联合能源风电场一期项目、肯尼亚供水管线工程等。此外，公司工程设备出口额再创新高，在产品"走出去"方面取得成效。

中国电力建设股份有限公司紧跟国家"一带一路"倡议，积极参与国家间双边、多边电力能源合作，开拓沿线国家水电火电、基础设施和可再生能源市场，着力推动市场开发和项目落地。一是以"国际业务集团化"为目标，有效推进国际业务优势资源的深度整合。报告期内，公司调整优化国际业务组织结构，组建中国电建集团国际工程有限责任公司，成立六大海外区域总部，形成了以亚洲、非洲国家为主，辐射美洲、大洋洲和东欧等高端市场的多元化格局，打造了遍布全球的营销网络。二是重点国别市场和重大项目取得重大进展。2016年末，公司在境外89个国家和地区执行1060份项目合同，合同金额达4882.73亿元，全年境外新签合同1177.73亿元，同比增长18.11%；实现营业收入540.42亿元，同比增长4.03%。三是"一带一路"项目顺利推进。截至2016年末，在"一带一路"沿线35个国家执行479份项目合同，合同金额达2170亿元，全年新签合同636.14亿元，同比增长21.65%。

第五章 变革生产方式 促进转型升级

一、发展装配式建筑是大势所趋

(一) 建筑业发展面临的形势

经济发展进入新常态。 我国经济从高速增长转向中高速增长,从规模速度型粗放增长转向质量效益型集约增长,从要素投资驱动转向创新驱动,但经济长期向好的基本面没有改变,发展前景依然广阔。新形势下,建筑业提质增效、转型升级的要求更加紧迫。未来投资在经济增长中的作用将逐步弱化,迫切需要建筑企业加快战略调整与转型步伐,加快传统建筑业与先进制造技术、信息技术、节能技术等的融合,从外延式"量"的扩张向内涵式"质"的提高转变。

新型城镇化建设。 新型城镇化建设作为国家现代化建设的战略任务,是我国经济发展的重要推动力之一。新型城镇化要求全面提升城镇化质量,对建筑产品品质及产业素质提出了更高的要求,建筑业急需转型升级、改变传统发展模式来应对新型城镇化带来的挑战。

加强供给侧结构性改革。 针对我国经济结构性矛盾突出的问题,中央提出加强供给侧结构性改革,在适度扩大总需求的同时,去产能、去库存、去杠杆、降成本、补短板,从生产领域加强优质供给,减少无效供给,扩大有效供给,提高供给结构适应性和灵活性,提高全要素生产率,使供给体系更好适应需求结构变化。这就要求建筑业围绕市场需求推进结构调整,提高建筑质量,提升产品品质。

资源环境约束趋紧。 我国人均资源相对匮乏,发展方式粗放、不可持续问题依然突出,生态环境恶化趋势尚未得到根本扭转,城镇化快速发展直接带来对能源、资源的更多需求,资源环境压力日益凸显,迫切要求提高资源利用效率,推进资源节约集约利用,加大生态环境保护力度。必须转变建筑业的粗放发展模式,大力推进建筑业技术创新,推广装配式建筑,加强工程建设全过程的节能减排,实现低耗、环保、高效生产。

劳动力稀缺逐渐上升。随着我国人口老龄化加快,劳动力稀缺性逐渐上升,企业将逐步向技术、资本密集型方向转型,这将对劳动力的质量与素质提出更高要求。近年来,建筑业面临劳动力严重短缺的挑战,一线劳务人员年龄偏大、技能素质不高,要全面提高建筑业从业人员素质,培育产业工人队伍,改善生产条件,减轻劳动强度,解决建筑工人年龄结构断层问题,应对劳动力供给格局带来的冲击。

(二) 发展装配式建筑是建筑业转型升级的有效途径

目前,我国建筑业生产方式依旧粗放,能源资源消耗高、劳动生产率低、技术创新不强、建筑品质不高、工程质量安全存在一定隐患,急需大力推动建造方式的重大变革。随着经济发展进入新常态、新型城镇化建设、加强供给侧结构性改革、资源环境约束趋紧、劳动力稀缺逐渐上升,建筑业粗放发展模式难以为继,提质增效、转型升级更加紧迫。

装配式建筑是用预制部品部件在工地装配而成的建筑。装配式建筑通过"标准化设计、工厂化生产、装配化施工、一体化装修、信息化管理和智能化应用",顺应了建筑产业发展绿色化、信息化和工业化的趋势,对促进建筑业转型升级、推动技术进步、保障工程质量、提高建筑品质、促进建筑业与信息化工业化深度融合具有重要意义,对节能减排、缩短建设周期、提高生产效率、节约人力资源具有积极作用。大力发展装配式建筑既是传统建筑业转型与建造方式的重大变革,也是推进供给侧结构性改革和新型城镇化发展的重要举措。

二、装配式建筑发展现状

(一) 政府积极推动

1. 出台政策推进

近年来,党中央、国务院及地方各级政府对发展装配式建筑高度重视,推动装配式建筑发展的力度大大加强。

2016年2月,《中共中央 国务院关于进一步加强城市规划建设管理工作的若干意见》提出,发展新型建造方式,大力推广装配式建筑,加大政策支持力度,力争用10年左右时间,使装配式建筑占新建建筑的比例达到30%。2016年9月,《国务院办公厅关于大力发展装配式建筑的指导意见》提出,以京津冀、长三角、珠三角三大城市群为重点推进地区,常住人口超过300万的其他城市为积极推进地区,其余城市为鼓励推进地区,因地制宜发展装配式混凝土结构、钢结构和现代木结构建筑。2017年2月,《国务院办公厅关于促进建筑业持续健康发展的意见》提出,推进建筑产业现代化,推广智能和装配式建筑。坚持标准化设计、工厂化生产、装配化施工、一体化装修、信息化管理、智能化应用,推动建造方式创新,大力发展装配式混凝土和钢结构建筑,在具备条件的地方倡导发展现代木结构建筑,不断提高装配式建筑在新建建筑中的比例。

2017年3月,住房和城乡建设部出台《"十三五"装配式建筑行动方案》。《行动方案》提出,到2020年,全国装配式建筑占新建建筑的比例达到15%以上,其中重点推进地区达到20%以上,积极推进地区达到15%以上,鼓励推进地区达到10%以上。鼓励各地制定更高的发展目标。建立健全装配式建筑政策体系、规划体系、标准体系、技术体系、产品体系和监管体系,形成一批装配式建筑设计、施工、部品部件规模化生产企业和工程总承包企业,形成装配式建筑专业化队伍,全面提升装配式建筑质量、效益和品质,实现装配式建筑全面发展。到2020年,培育50个以上装配式建筑示范城市,200个以上装配式建筑产业基地,500个以上装配式建筑示范工程,建设30个以上装配式建筑科技创新基地,充分发挥示范引领和带动作用。

各级地方政府积极发挥引导作用,上海、北京、江苏、浙江、湖南、福建、江西、山东、陕西等多个省市出台相关政策推动装配式建筑发展,推进建筑业转型升级。上海市政府出台《关于本市进一步推进装配式建筑发展若干意见》,江苏省出台《省政府关于加快推进建筑产业现代化促进建筑产业转型升级的意见》,江西省出台《江西省人民政府关于推进装配式建筑发展的指导意见》，浙江省出台《浙江省人民政府办公厅关于推进绿色建筑和建筑工业化发展的实施意见》等。在政府的积极推动下，装配式建筑在住宅领域取得突破，并逐步向公共建筑推进。

截至2016年底，装配式建筑设计、生产和施工类企业746家，构件生产企业611家；产能超过1亿平方米。2016年，全国新开工装配式建筑项目面积1.14亿平方米，比2015年增长约57%。上海、北京、浙江、湖南、山东装配式建筑发展较快。

着力打造市场环境。一些地方政府着力打造市场环境，提供市场需求，通过政府投资工程、保障性住房项目，同时对一定条件的开发项目制定强制执行措施，为装配式建筑市场提供较为充裕的项目来源。

上海市：上海市《关于推进本市装配式建筑发展的实施意见》提出，供地面积总量中落实的装配式建筑的建筑面积比例，2015年不少于50%；2016年起外环线以内新建民用建筑应全部采用装配式建筑、外环线以外超过50%；2017年起外环线以外在50%基础上逐年增加。采用混凝土结构体系建造的装配式住宅单体预制装配率和装配式公共建筑单体预制装配率应不低于30%，2016年起不低于40%。2015年以及2016年起外环线以外的建设项目还应按照以下要求实施装配式建筑（建筑高度超过100米以上除外）：政府投资的总建筑面积2万平方米以上的新建（扩建）学校（含校舍）、医院、养老建筑等项目原则上应采用装配式建筑；总建筑面积5万平方米以上的新建保障性住房项目（暂不包括用于安置被征地农民的区属动迁安置房建设项目）应采用装配式建筑；总建筑面积10万平方米以上的新建商品住宅项目和总建筑面积3万平方米以上或单体建筑面积2万平方米以上的新建商业、办公等公共建筑项目应全部采用装配式建筑，并在土地供应条件中明确相关内容。

《上海市装配式建筑2016—2020年发展规划》提出，到2020年，装配式建筑要成为上海地区主要建设模式之一，建筑品质全面提升，节能减排、绿色发展成效明显，创新能力大幅提升，形成较为完善的装配式建筑产业体系，成为全国建筑工业化的引领者。"十三五"期间，全市符合条件的新建建筑原则上采用装配式建筑。全市装配式建筑的单体预制率达到40%以上或装配率达到60%以上。外环线以内采用装配式建筑的新建商品住宅、公租房和廉租房项目100%采用全装修，实现同步装修和装修部品构配件预制化。建成国家住宅产业现代化综合示范城市。培育形成2~3个国家级建筑工业化示范基地，形成一批达到国际先进水平的关键核心技术和成套技术，培育一批龙头企业，打造具有全国影响力的建筑工业化产业联盟。实现上海地区装配式建筑工厂化流水线年产能不小于500万平方米。

北京市：《北京市人民政府办公厅关于加快发展装配式建筑的实施意见》提出，到2018年，实现装配式建筑占新建建筑面积的比例达到20%以上，基本形成适应装配式建筑发展的政策和技术保障体系。到2020年，实现装配式建筑占新建建筑面积的比例达到30%以上，推动形成一批设计、施工、部品部件生产规模化企业，具有现代装配建造水平的工程总承包企业以及与之相适应的专业化技能队伍。

自2017年3月15日起，新纳入本市保障性住房建设计划的项目和新立项政府投资的新建建筑应采用装配式建筑。通过招拍挂文件设定相关要求，对以招拍挂方式取得城六区和通州区地上建筑规模5万平方米（含）以上国有土地使用权的商品房开发项目应采用装配式建筑；在其他区取得地上建筑规模10万平方米（含）以上国有土地使用权的商品房开发项目应采用装配式建筑。采用装配式混凝土建筑、钢结构建筑的项目应符合国家及本市的相关标准。采用装配式混凝土建筑的项目，其装配率应不低于50%；且建筑高度在60米（含）以下时，其单体建筑预制率应不低于40%，建筑高度在60米以上时，其单体建筑预制率应不低于20%。鼓励学校、医院、体育馆、商场、写字楼等新建公共建筑优先采用钢结构建筑，其中政府投资的单体地上建筑面积1万平方米（含）以上的新建公共建筑应采用钢结构建筑。

江西省：《江西省人民政府关于推进装配式建筑发展的指导意见》提出，2016年底前，全省各试点城市编制完成装配式建筑发展规划，明确发展目标和推进装配式建筑发展的政策措施。其他设区市要研究启动装配式建筑发展规划工作。2018年，全省采用装配式施工的建筑占同期新建建筑的比例达到10%，其中，政府投资项目达到30%。2020年，全省采用装配式施工的建筑占同期新建建筑的比例达到30%，其中，政府投资项目达到50%。到2025年底，全省采用装配式施工的建筑占同期新建建筑的比例力争达到50%，符合条件的政府投资项目全部采用装配式施工。

浙江省：《浙江省人民政府办公厅关于推进绿色建筑和建筑工业化发展的实施意见》提出，提高装配式建筑覆盖面。政府投资工程全面应用装配式技术建设，保障性住房项目全部实施装配式建造。2016年全省新建项目装配式建筑面积达到800万平方米以上，其中装配式住宅和公共建筑（不含场馆建筑）面积达到300万平方米以上；2017年1月1日起，杭州市、宁波市和绍兴市中心城区出让或划拨土地上的新建项目，全部实施装配式建造；到2020年，实现装配式建筑占新建建筑比例达到30%。

山东省：《山东省人民政府办公厅关于贯彻国办发〔2016〕71号文件大力发展装配式建筑的实施意见》提出，2017年，全省设区城市规划区内新建公共租赁住房、棚户区改造安置住房等项目全面实施装配式建造，政府投资工程应使用装配式技术进行建设，装配式建筑占新建建筑面积比例达到10%左右；到2020年，建立健全适应装配式建筑发展的技术、标准和监管体系，济南、青岛市装配式建筑占新建建筑比例达到30%以上，其他设区城市和县（市）分别达到25%、15%以上；到2025年，全省装配式建筑占新建建筑比例达到40%以上，形成一批以优势企业为核心、涵盖全产业链的装配式建筑产业集群。

加大政策支持力度。 一些地方政府在土地供应、容积率、财政支持、税费优惠、金融服务、科技创新、审批服务等方面加大政策支持力度，出台鼓励扶持政策，推动装配式建筑发展。如关于用地保障，《江西省人民政府关于推进装配式建筑发展的指导意见》规定，符合条件的装配式建筑产业用地享受工业用地政策，纳入工业用地予以保障。关于财政支持，上海市《关于推进本市装配式建筑发展的实施意见》规定，对于2015年底前签订土地出让合同2016年底前开工建设的、总建筑面积达到3万平方米以上的装配式住宅项目（政府投资项目除外），预制装配率达到40%及以上的，每平方米补贴100元，单个项目最高补贴1000万元。

> **《江西省人民政府关于推进装配式建筑发展的指导意见》（摘要）**
>
> （一）加强土地保障。各级国土资源部门要优先支持装配式建筑产业和示范项目用地。符合条件的装配式建筑产业用地享受工业用地政策，纳入工业用地予以保障。
>
> （二）落实招商引资政策。各地应将装配式建筑产业纳入招商引资重点行业，并落实招商引资各项优惠政策。
>
> （三）实行容积率差别核算。实施预制装配式建筑的房地产开发项目，经规划验收合格的，其外墙预制部分建筑面积（不超过规划总建筑面积的3%）可不计入成交地块的容积率核算。
>
> （四）科技创新扶持。将装配式建筑关键技术相关研究，根据行业需求纳入年度科技计划项目申报指南，并在同等条件下优先支持。符合条件的装配式建筑生产企业应认定为高新技术企业，按规定享受相应税收优惠政策。
>
> （五）加大财政支持。各级财政可对符合条件的装配式建筑重点示范市县、产业基地和示范项目给予一定的资金补贴。市县政府对创建国家级和省级装配式建筑产业基地和技术创新有重大贡献的企业和机构可给予适当的资金奖励。
>
> （六）落实税费优惠。符合条件的装配式建筑项目免征新型墙体材料专项基金等相关建设类行政事业性收费和政府性基金。符合条

件的装配式建筑示范项目可参照重点技改工程项目，享受税费优惠政策。销售建筑配件适用17%的增值税率，提供建筑安装服务适用11%的增值税率。企业开发装配式建筑的新技术、新产品、新工艺所发生的研究开发费用，可以在计算应纳税所得额时加计扣除。研究制定绿色装配式构配件专项财政补贴政策。

(七)加强金融服务。鼓励金融机构加大对装配式建筑产业的信贷支持力度，拓宽抵质押物的种类和范围。支持鼓励符合条件的装配式建筑生产企业通过发行各类债券融资，积极拓宽融资渠道。对装配式施工的房地产开发项目，及购买装配式住宅的购房者，鼓励各类金融机构、住房公积金管理机构给予优惠。

(八)加大行业扶持力度。符合条件的装配式建筑项目的农民工工资保证金、履约保证金等予以减免。施工企业缴纳的工程质量保证金按扣除预制构件总价作为基数减半计取。采用装配式施工方式建造的商品房项目，符合条件的优先办理《商品房预售许可证》，其项目预售监管资金比例减半。对装配式建筑业绩突出的建筑企业，在资质晋升、评奖评优等方面予以支持和政策倾斜。获得鲁班奖、杜鹃花奖等奖项的装配式建筑，工程所在地政府可给予适当奖励或补助。对绿色装配式构配件生产和应用企业给予贷款贴息，将绿色装配式构配件评价标识信息纳入政府采购、招投标、融资授信等环节的采信系统。

(九)加强人才引进和培训。积极引进装配式建筑领域的人才，按规定享受有关优惠政策。积极开展适应装配式建筑发展需要的各类人才培训，大力引导农民工转型为建筑产业工人。将装配式建筑专业工种纳入职业技能培训范围，符合条件的给予培训补助。装配式建筑骨干企业可以面向全省培训行业技术人才。

(十)加强技术指导。成立由企业、高等院校、科研机构专家组成的省装配式建筑专家委员会，负责我省装配式建筑相关规范编制、项目评审、技术论证、性能认定等方面的技术把关和服务指导。

（十一）保障运输通畅。各设区市及交通运输主管部门在所辖区域或职能范围内，对运输预制混凝土及钢构件等超大、超宽部品部件的运输车辆，在物流运输、交通通畅方面予以支持，研究制定高速公路通行费减免优惠政策。

《浙江省人民政府办公厅关于推进绿色建筑和建筑工业化发展的实施意见》（摘要）

（一）强化用地保障。各地应根据建筑工业化发展的目标任务和土地利用总体规划、城市（镇）总体规划，在每年的建设用地计划中按下达任务确定的面积，安排专项用地指标，重点保障建筑工业化基地（园区）建设用地。对列入省重点项目计划的建筑工业化基地用地，各地应优先安排用地计划指标。

（二）加强财政支持。省财政整合政府相关专项资金，支持建筑工业化发展。各地政府要加大对建筑工业化的投入，整合政府相关专项资金，重点支持建筑工业化技术创新、基地和装配式建筑项目建设。对满足装配式建筑要求的农村住房整村或连片改造建设项目，给予不超过工程主体造价10%的资金补助，具体补助标准由各设区市政府自行制定。对在装配式建筑项目中使用预制的墙体部分，经相关部门认定，视同新型墙体材料，对征收的墙改基金即征即退。建筑利用太阳能、浅层地热能、空气能的，建设单位可以按照国家和省有关规定申请项目资金补助。

（三）加大金融支持。使用住房公积金贷款购买装配式建筑的商品房，公积金贷款额度最高可上浮20%，具体比例由各地政府确定。购买成品住宅的购房者可按成品住宅成交总价确定贷款额度。对实施装配式建造的农民自建房，在个人贷款服务、贷款利率等方面给予支持。

（四）实施税费优惠。鼓励和支持企业、高等学校、研发机构研究开发绿色建筑新技术、新工艺、新材料和新设备。开发绿色建筑新技术、新工艺、新材料和新设备发生的研究开发费用，可以按照国家有关规定享受税前加计扣除等优惠政策。对省建筑工业化示范企业，支持符合条件的企业申报高新技术企业，经认定后，按规定享受相应税收优惠政策。对于装配式建筑项目，施工企业缴纳的质量保证金以合同总价扣除预制构件总价作为基数乘以2%费率计取，建设单位缴纳的住宅物业保修金以物业建筑安装总造价扣除预制构件总价作为基数乘以2%费率计取。

（五）**鼓励项目应用**。满足装配式建筑要求的商品房项目，墙体预制部分的建筑面积（不超过规划总建筑面积的3%～5%）可不计入成交地块的容积率核算；同时满足装配式建筑和住宅全装修要求的商品房项目，墙体预制部分的建筑面积（不超过规划总建筑面积的5%）可不计入成交地块的容积率核算，具体办法由各地政府另行制定；因采用墙体保温技术增加的建筑面积不计入容积率核算的建筑面积；居住建筑采用地源热泵技术供暖制冷的，供暖制冷系统用电可以执行居民峰谷分时电价。

（六）**推行工程总承包**。装配式建筑项目应优先采用设计、生产、施工一体化的工程总承包模式。政府投融资的依法必须进行招标的装配式建筑项目，只有少数几家建筑工业化生产施工企业能够承建的，符合规定的允许采用邀请招标。需要专利或成套装配式建筑技术建造的装配式建筑，按《中华人民共和国招标投标法实施条例》规定，可以依法不进行招标。

（七）**优化审批服务**。对满足装配式建筑要求并以出让方式取得土地使用权，领取土地使用证和建设工程规划许可证的商品房项目，投入开发建设的资金达到工程建设总投资的25%以上，或完成基础工程达到正负零的标准，并已确定施工进度和竣工交付日期的情况下，可向当地房地产管理部门办理预售登记，领取商品房预售许可证，法律法规另有规定的除外。在办理《商品房预售许可证》时，允许将装配式预制构件投资计入工程建设总投资额，纳入进度衡量。10层以上的装配式建筑项目，建设单位可申请主体结构分段验收。

2. 完善技术标准

国家标准《装配式混凝土结构技术规程》已于 2014 年颁布实施，为装配式混凝土结构建筑提供了工程设计、验收的技术支撑。2015 年 8 月，住房和城乡建设部发布国家标准《工业化建筑评价标准》。2017 年 1 月，住房和城乡建设部发布国家标准《装配式木结构建筑技术标准》、《装配式钢结构建筑技术标准》、《装配式混凝土建筑技术标准》。一些地方也不断完善技术标准，规范提升装配式建筑技术。如上海市加大了框架、剪力墙等多种装配整体式混凝土结构体系的研究力度，初步完成从设计、构件制作、施工安装等通用标准的建设，材料部品化的研究也形成了相关图集、工法和验收标准。

3. 产业化基地引领

2006 年开始设立的国家住宅产业化基地的建设和实施引领了装配式建筑的发展，基地建设为推动装配式建筑发展发挥了先行先试、创新探索、引领示范等重要作用。产业化基地主要分布在沿海城市，以山东、浙江、江苏和上海等省市为主。各级政府依托产业化试点城市和基地企业，促进装配式建筑呈现积极发展态势。为规范管理装配式建筑示范城市和产业基地，2017 年 3 月，住房和城乡建设部印发《装配式建筑示范城市管理办法》、《装配式建筑产业基地管理办法》。

（二）企业探索实践

近年来，建筑业面临生产成本不断上升、劳动力日渐短缺、节能环保等多方面的挑战，客观上促使越来越多的企业在装配式建筑方面积极探索和实践，市场内生动力不断增强。

宝业集团股份有限公司是我国最早推行建筑工业化的企业之一。1992 年，宝业集团创建全国首家地级市商品混凝土公司，同时成立构件公司，专业生产各种预制构配件，开始住宅产业化探索之路。经过多年的探索实践，宝业形成了以研究院为技术研发龙头、工厂化生产为核心、装配化施工为手段、百年低碳建筑为最终产品的建筑产业化发展模式。宝业在绍兴投建了建筑产业化研究院，可以对建筑物进行全方位理化和环保节能指标检测，全面确保宝业装配式建筑的性能和质量，下设结构、地震、防耐火、声音、耐久性、室内环境检测、门窗幕墙检测、实地环境模拟及恒温恒湿等九大实验室，并于2009年被授予"国家建筑工程技术研究中心住宅产业化研究院"荣誉。2013年11月，以该研究院为依托的绍兴市新型建筑工业化研究中心在宝业挂牌成立。经过20余年的产研探索积累之后，宝业集团在上海、浙江、安徽、湖北等区域已经形成了12个制造基地，建成和在建600多万平方米示范项目。

远大住宅工业有限公司1996年开始建筑工业化的探索之路，已将工业化技术应用到酒店、写字楼、工厂、地下工程等各类型建筑中，历经多年技术研发和市场实践，已成为集研发设计、工业生产、工程施工、装备制造、开发服务为一体的建筑工业化综合型龙头企业。

2015年，中国建筑股份有限公司成立中建科技集团有限公司，重点推动新型建筑工业化，中建科技2015年在上海、武汉等地投资兴建7个建筑工业化产业基地。

长江精工钢结构(集团)股份有限公司在实现新型建筑工业化方面积极探索，精工钢构"绿筑GBS"通过BIM信息化集成设计，采用高节能、高环保、可回收的新型材料，以工厂化预制生产、现场装配施工为目的，将建筑分为"预制装配式集成楼面系统、单元式外幕墙系统、装配式内墙系统、集成卫浴系统"等多个模块化系统，彻底改变了传统建筑粗放式、高能耗作业模式，让项目周期缩短70%、人工成本节省70%、建筑垃圾减少90%。

上海建工集团全产业链推进预制装配住宅成套集成技术的研发与应用，通过加快工业化与信息化融合发展步伐，预制装配能力已从低层建筑拓展到高层建筑，从住宅扩大到公共建筑、基础设施等领域。先后完成了20多个预制装配住宅小区建设，总建筑面积超过150万平方米，工程遍及上海、天津、北京、苏州、广州等城市。

上海地区初步形成由设计施工单位、构件生产企业及科研单位组成的装配式建筑上下游产业链，成立了上海建筑工业化产业技术创新联盟，相关企业形成了良好的互动平台。代表性企业如上海现代建筑设计集团、上海建工集团等。

三、装配式建筑发展中存在的突出问题

近年来,我国积极探索发展装配式建筑,但建造方式大多仍以现场浇筑为主,装配式建筑比例和规模化程度较低,装配式建筑发展仍处于起步阶段。

(一)政策扶持力度尚需加大

市场对装配式建筑的认知、认可度尚待提高,传统的建造观念难以在短期内转变。同时,装配式建筑的前期投入成本较高,经济效益短期内难以显现,在推进初期,因规模限制、增量成本、眼前利益,部分企业转型发展的意愿不足。部分地方出台的促进装配式建筑发展的政策没有具体实施细则,政策配套不到位,无法有效落实,激励政策过于宏观和笼统。

(二)技术标准体系尚需完善

基于建筑设计、部品部件生产、现场施工装配、竣工验收管理全过程的装配式建筑标准体系不完善,亟需建立一系列完整的生产、技术、管理、验收等标准,使装配式建筑从建筑设计、构件生产到施工建造有标准可依。建筑工业化技术的发展仍然以单项技术的推广、应用为主,技术体系缺乏整合集成也制约着装配式建筑的整体发展。

(三)工程建设模式有待创新

现有的设计和施工相互割裂的传统建设模式既增加建设成本,又一定程度上影响了装配式建筑项目的建设效率。设计、生产、施工和运维等多环节多专业难以有效协同,极大地影响了新型建筑工业化建造优势的发挥,亟需大力推广工程总承包模式。

(四)人才队伍水平有待提升

装配式建筑相关的专业技术和管理人才、产业工人短缺,远远满足不了建筑工业化发展的要求。亟需具有装配式建筑设计经验的技术人

才；掌握装配式建筑工厂制作、现场安装技术的产业工人；具备装配式建筑一体化管理能力的项目经理；具有装配式建筑一体化监督管理经验的监管人才。

四、推进装配式建筑发展的对策建议

（一）加大政策扶持力度

各级政府要进一步完善在财政、金融、税收、规划、土地等方面的支持政策和措施，通过政策扶持创造良好发展环境，激发企业积极性，一定程度缓解因生产方式变革带来的成本增加。进一步整合资源，重点培育行业领先的建筑产业化集团，形成一批以优势企业为核心、产业链完善的产业集群。在产业规模上，一方面要合理控制装配式建筑的产能与规模，避免一哄而上；另一方面要积极培育市场需求，确保项目来源，通过规模应用降低成本，提高企业的积极性。

（二）完善技术标准体系

建立完善覆盖建筑设计、部品生产、施工安装及使用维护全过程的标准规范体系，为推进装配式建筑提供全面的技术支撑。加强相关技术的研究和应用，加强技术创新，加强设计、生产、施工以及部品部件的系统集成能力，建立成熟适用的技术与工法体系，实现建筑标准化、系列化、通用化。

（三）创新工程建设模式

工程总承包可以实现设计、生产、装配一体化，有利于实现装配式建筑产品与技术标准化、有利于工程建设成本的最优化、有利于实现工程总体质量的控制、有利于实现施工的绿色建造，推行工程总承包是装配式建筑快速发展的重要前提。加快推进装配式建筑项目采用工程总承包模式，实现工程设计、部品部件生产、施工的统一管理和深度融合，打造全产业链协同发展新模式，政府投资项目应率先采用工程总承包模式。

（四）加大人才培养力度

人才队伍是装配式建筑大规模发展的基础。装配式建筑从设计、生产到施工从根本上改变了传统的建造方式，亟需培养新型人才队伍，为发展装配式建筑提供有力的人才保障。建立有利于装配式建筑人才培养和发展的长效机制，鼓励高等学校、职业学校设置装配式建筑相关课程，推动装配式建筑企业开展校企合作，创新人才培养模式。在建筑行业专业技术人员继续教育中增加装配式建筑相关内容。加大职业技能培训投入，建立培训基地，加强岗位技能提升培训，采取多种方式促进建筑业农民工向技术工人转型。

附录1　国务院办公厅关于促进建筑业持续健康发展的意见

(国办发〔2017〕19号)

各省、自治区、直辖市人民政府，国务院各部委、各直属机构：

建筑业是国民经济的支柱产业。改革开放以来，我国建筑业快速发展，建造能力不断增强，产业规模不断扩大，吸纳了大量农村转移劳动力，带动了大量关联产业，对经济社会发展、城乡建设和民生改善作出了重要贡献。但也要看到，建筑业仍然大而不强，监管体制机制不健全、工程建设组织方式落后、建筑设计水平有待提高、质量安全事故时有发生、市场违法违规行为较多、企业核心竞争力不强、工人技能素质偏低等问题较为突出。为贯彻落实《中共中央 国务院关于进一步加强城市规划建设管理工作的若干意见》，进一步深化建筑业"放管服"改革，加快产业升级，促进建筑业持续健康发展，为新型城镇化提供支撑，经国务院同意，现提出以下意见：

一、总体要求

全面贯彻党的十八大和十八届二中、三中、四中、五中、六中全会以及中央经济工作会议、中央城镇化工作会议、中央城市工作会议精神，深入贯彻习近平总书记系列重要讲话精神和治国理政新理念新思想新战略，认真落实党中央、国务院决策部署，统筹推进"五位一体"总体布局和协调推进"四个全面"战略布局，牢固树立和贯彻落实创新、协调、绿色、开放、共享的发展理念，坚持以推进供给侧结构性改革为主线，按照适用、经济、安全、绿色、美观的要求，深化建筑业"放管服"改革，完善监管体制机制，优化市场环境，提升工程质量安全水平，强化队伍建设，增强企业核心竞争力，促进建筑业持续健康发展，打造"中国建造"品牌。

二、深化建筑业简政放权改革

（一）优化资质资格管理。进一步简化工程建设企业资质类别和等级设置，减少不必要的资质认定。选择部分地区开展试点，对信用良好、具有相关专业技术能力、能够提供足额担保的企业，在其资质类别内放宽承揽业务范围限制，同时，加快完善信用体系、工程担保及个人执业资格等相关配套制度，加强事中事后监管。强化个人执业资格管理，明晰注册执业人员的权利、义务和责任，加大执业责任追究力度。有序发展个人执业事务所，推动建立个人执业保险制度。大力推行"互联网＋政务服务"，实行"一站式"网上审批，进一步提高建筑领域行政审批效率。

（二）完善招标投标制度。加快修订《工程建设项目招标范围和规模标准规定》，缩小并严格界定必须进行招标的工程建设项目范围，放宽有关规模标准，防止工程建设项目实行招标"一刀切"。在民间投资的房屋建筑工程中，探索由建设单位自主决定发包方式。将依法必须招标的工程建设项目纳入统一的公共资源交易平台，遵循公平、公正、公开和诚信的原则，规范招标投标行为。进一步简化招标投标程序，尽快实现招标投标交易全过程电子化，推行网上异地评标。对依法通过竞争性谈判或单一来源方式确定供应商的政府采购工程建设项目，符合相应条件的应当颁发施工许可证。

三、完善工程建设组织模式

（三）加快推行工程总承包。装配式建筑原则上应采用工程总承包模式。政府投资工程应完善建设管理模式，带头推行工程总承包。加快完善工程总承包相关的招标投标、施工许可、竣工验收等制度规定。按照总承包负总责的原则，落实工程总承包单位在工程质量安全、进度控制、成本管理等方面的责任。除以暂估价形式包括在工程总承包范围内且依法必须进行招标的项目外，工程总承包单位可以直接发包总承包合同中涵盖的其他专业业务。

（四）培育全过程工程咨询。鼓励投资咨询、勘察、设计、监理、招标代理、造价等企业采取联合经营、并购重组等方式发展全过程工程咨询，培育一批具有国际水平的全过程工程咨询企业。制定全过程工程咨询服务技术标准和合同范本。政府投资工程应带头推行全过程工程咨询，鼓励非政府投资工程委托全过程工程咨询服务。在民用建筑项目中，充分发挥建筑师的主导作用，鼓励提供全过程工程咨询服务。

四、加强工程质量安全管理

（五）严格落实工程质量责任。全面落实各方主体的工程质量责任，特别要强化建设单位的首要责任和勘察、设计、施工单位的主体责任。严格执行工程质量终身责任制，在建筑物明显部位设置永久性标牌，公示质量责任主体和主要责任人。对违反有关规定、造成工程质量事故的，依法给予责任单位停业整顿、降低资质等级、吊销资质证书等行政处罚并通过国家企业信用信息公示系统予以公示，给予注册执业人员暂停执业、吊销资格证书、一定时间直至终身不得进入行业等处罚。对发生工程质量事故造成损失的，要依法追究经济赔偿责任，情节严重的要追究有关单位和人员的法律责任。参与房地产开发的建筑业企业应依法合规经营，提高住宅品质。

（六）加强安全生产管理。全面落实安全生产责任，加强施工现场安全防护，特别要强化对深基坑、高支模、起重机械等危险性较大的分部分项工程的管理，以及对不良地质地区重大工程项目的风险评估或论证。推进信息技术与安全生产深度融合，加快建设建筑施工安全监管信息系统，通过信息化手段加强安全生产管理。建立健全全覆盖、多层次、经常性的安全生产培训制度，提升从业人员安全素质以及各方主体的本质安全水平。

（七）全面提高监管水平。完善工程质量安全法律法规和管理制度，健全企业负责、政府监管、社会监督的工程质量安全保障体系。强化政府对工程质量的监管，明确监管范围，落实监管责任，加大抽查抽测力度，重点加强对涉及公共安全的工程地基基础、主体结构等部位和竣工验收等环节的监督检查。加强工程质量监督队伍建设，监督机构履行职能所需经费由同级财政预算全额保障。政府可采取购买服务的方式，委托具备条件的社会力量进行工程质量监督检查。推进工程质量安全标准化管理,督促各方主体健全质量安全管控机制。强化对工程监理的监管,选择部分地区开展监理单位向政府报告质量监理情况的试点。加强工程质量检测机构管理,严厉打击出具虚假报告等行为。推动发展工程质量保险。

五、优化建筑市场环境

(八)建立统一开放市场。打破区域市场准入壁垒,取消各地区、各行业在法律、行政法规和国务院规定外对建筑业企业设置的不合理准入条件;严禁擅自设立或变相设立审批、备案事项,为建筑业企业提供公平市场环境。完善全国建筑市场监管公共服务平台,加快实现与全国信用信息共享平台和国家企业信用信息公示系统的数据共享交换。建立建筑市场主体黑名单制度,依法依规全面公开企业和个人信用记录,接受社会监督。

(九)加强承包履约管理。引导承包企业以银行保函或担保公司保函的形式,向建设单位提供履约担保。对采用常规通用技术标准的政府投资工程,在原则上实行最低价中标的同时,有效发挥履约担保的作用,防止恶意低价中标,确保工程投资不超预算。严厉查处转包和违法分包等行为。完善工程量清单计价体系和工程造价信息发布机制,形成统一的工程造价计价规则,合理确定和有效控制工程造价。

(十)规范工程价款结算。审计机关应依法加强对以政府投资为主的公共工程建设项目的审计监督,建设单位不得将未完成审计作为延期工程结算、拖欠工程款的理由。未完成竣工结算的项目,有关部门不予办理产权登记。对长期拖欠工程款的单位不得批准新项目开工。严格执行工程预付款制度,及时按合同约定足额向承包单位支付预付款。通过工程款支付担保等经济、法律手段约束建设单位履约行为,预防拖欠工程款。

六、提高从业人员素质

(十一)加快培养建筑人才。积极培育既有国际视野又有民族自信的建筑师队伍。加快培养熟悉国际规则的建筑业高级管理人才。大力推进校企合作,培养建筑业专业人才。加强工程现场管理人员和建筑工人的教育培训。健全建筑业职业技能标准体系,全面实施建筑业技术工人职业技能鉴定制度。发展一批建筑工人技能鉴定机构,开展建筑工人技能评价工作。通过制定施工现场技能工人基本配备标准、发布各个技能等级和工种的人工成本信息等方式,引导企业将工资分配向关键技术技能岗位倾斜。大力弘扬工匠精神,培养高素质建筑工人,到2020年建筑业中级工技能水平以上的建筑工人数量达到300万,2025年达到1000万。

(十二)改革建筑用工制度。推动建筑业劳务企业转型,大力发展木工、电工、砌筑、钢筋制作等以作业为主的专业企业。以专业企业为建筑工人的主要载体,逐步实现建筑工人公司化、专业化管理。鼓励现有专业企业进一步做专做精,增强竞争力,推动形成一批以作业为主的建筑业专业企业。促进建筑业农民工向技术工人转型,着力稳定和扩大建筑业农民工就业创业。建立全国建筑工人管理服务信息平台,开展建筑工人实名制管理,记录建筑工人的身份信息、培训情况、职业技能、从业记录等信息,逐步实现全覆盖。

(十三)保护工人合法权益。全面落实劳动合同制度,加大监察力度,督促施工单位与招用的建筑工人依法签订劳动合同,到2020年基本实现劳动合同全覆盖。健全工资支付保障制度,按照谁用工谁负责和总承包负总责的原则,落实企业工资支付责任,依法按月足额发放工人工资。将存在拖欠工资行为的企业列入黑名单,对其采取限制市场准入等惩戒措施,情节严重的降低资质等级。建立健全与建筑业相适应的社会保险参保缴费方式,大力推进建筑施工单位参加工伤保险。施工单位应履行社会责任,不断改善建筑工人的工作环境,提升职业健康水平,促进建筑工人稳定就业。

七、推进建筑产业现代化

(十四)推广智能和装配式建筑。坚持标准化设计、工厂化生产、装配化施工、一体化装修、信息化管理、智能化应用,推动建造方式创新,大力发展装配式混凝土和钢结构建筑,在具备条件的地方倡导发展现代木结构建筑,不断提高装配式建筑在新建建筑中的比例。力争用10年左右的时间,使装配式建筑占新建建筑面积的比例达到30%。在新建建筑和既有建筑改造中推广普及智能化应用,完善智能化系统运行维护机制,实现建筑舒适安全、节能高效。

(十五)提升建筑设计水平。建筑设计应体现地域特征、民族特点和时代风貌,突出建筑使用功能及节能、节水、节地、节材和环保等要求,提供功能适用、经济合理、安全可靠、技术先进、环境协调的建筑设计产品。健全适应建筑设计特点的招标投标制度,推行设计团队招标、设计方案招标等方式。促进国内外建筑设计企业公平竞争,培育有国际竞争力的建筑设计队伍。倡导开展建筑评论,促进建筑设计理念的融合和升华。

(十六)加强技术研发应用。加快先进建造设备、智能设备的研发、制造和推广应用,提升各类施工机具的性能和效率,提高机械化施工程度。限制和淘汰落后、危险工艺工法,保障生产施工安全。积极支持建筑业科研工作,大幅提高技术创新对产业发展的贡献率。加快推进建筑信息模型(BIM)技术在规划、勘察、设计、施工和运营维护全过程的集成应用,实现工程建设项目全生命周期数据共享和信息化管理,为项目方案优化和科学决策提供依据,促进建筑业提质增效。

(十七)完善工程建设标准。整合精简强制性标准,适度提高安全、质量、性能、健康、节能等强制性指标要求,逐步提高标准水平。积极培育团体标准,鼓励具备相应能力的行业协会、产业联盟等主体共同制定满足市场和创新需要的标准,建立强制性标准与团体标准相结合的标准供给体制,增加标准有效供给。及时开展标准复审,加快标准修订,提高标准的时效性。加强科技研发与标准制定的信息沟通,建立全国工程建设标准专家委员会,为工程建设标准化工作提供技术支撑,提高标准的质量和水平。

八、加快建筑业企业"走出去"

(十八)加强中外标准衔接。积极开展中外标准对比研究,适应国际通行的标准内容结构、要素指标和相关术语，缩小中国标准与国外先进标准的技术差距。加大中国标准外文版翻译和宣传推广力度，以"一带一路"倡议为引领，优先在对外投资、技术输出和援建工程项目中推广应用。积极参加国际标准认证、交流等活动，开展工程技术标准的双边合作。到2025年，实现工程建设国家标准全部有外文版。

（十九）提高对外承包能力。统筹协调建筑业"走出去"，充分发挥我国建筑业企业在高铁、公路、电力、港口、机场、油气长输管道、高层建筑等工程建设方面的比较优势，有目标、有重点、有组织地对外承包工程，参与"一带一路"建设。建筑业企业要加大对国际标准的研究力度，积极适应国际标准，加强对外承包工程质量、履约等方面管理，在援外住房等民生项目中发挥积极作用。鼓励大企业带动中小企业、沿海沿边地区企业合作"出海"，积极有序开拓国际市场，避免恶性竞争。引导对外承包工程企业向项目融资、设计咨询、后续运营维护管理等高附加值的领域有序拓展。推动企业提高属地化经营水平，实现与所在国家和地区互利共赢。

（二十）加大政策扶持力度。加强建筑业"走出去"相关主管部门间的沟通协调和信息共享。到2025年，与大部分"一带一路"沿线国家和地区签订双边工程建设合作备忘录，同时争取在双边自贸协定中纳入相关内容，推进建设领域执业资格国际互认。综合发挥各类金融工具的作用，重点支持对外经济合作中建筑领域的重大战略项目。借鉴国际通行的项目融资模式，按照风险可控、商业可持续原则，加大对建筑业"走出去"的金融支持力度。

各地区、各部门要高度重视深化建筑业改革工作，健全工作机制，明确任务分工，及时研究解决建筑业改革发展中的重大问题，完善相关政策，确保按期完成各项改革任务。加快推动修订建筑法、招标投标法等法律，完善相关法律法规。充分发挥协会商会熟悉行业、贴近企业的优势，及时反映企业诉求，反馈政策落实情况，发挥好规范行业秩序、建立从业人员行为准则、促进企业诚信经营等方面的自律作用。

国务院办公厅

2017年2月21日

附录 2　国务院办公厅关于大力发展装配式建筑的指导意见

(国办发〔2016〕71号)

各省、自治区、直辖市人民政府，国务院各部委、各直属机构：

装配式建筑是用预制部品部件在工地装配而成的建筑。发展装配式建筑是建造方式的重大变革，是推进供给侧结构性改革和新型城镇化发展的重要举措，有利于节约资源能源、减少施工污染、提升劳动生产效率和质量安全水平，有利于促进建筑业与信息化工业化深度融合、培育新产业新动能、推动化解过剩产能。近年来，我国积极探索发展装配式建筑，但建造方式大多仍以现场浇筑为主，装配式建筑比例和规模化程度较低，与发展绿色建筑的有关要求以及先进建造方式相比还有很大差距。为贯彻落实《中共中央　国务院关于进一步加强城市规划建设管理工作的若干意见》和《政府工作报告》部署，大力发展装配式建筑，经国务院同意，现提出以下意见。

一、总体要求

（一）指导思想。全面贯彻党的十八大和十八届三中、四中、五中全会以及中央城镇化工作会议、中央城市工作会议精神，认真落实党中央、国务院决策部署，按照"五位一体"总体布局和"四个全面"战略布局，牢固树立和贯彻落实创新、协调、绿色、开放、共享的发展理念，按照适用、经济、安全、绿色、美观的要求，推动建造方式创新，大力发展装配式混凝土建筑和钢结构建筑，在具备条件的地方倡导发展现代木结构建筑，不断提高装配式建筑在新建建筑中的比例。坚持标准化设计、工厂化生产、装配化施工、一体化装修、信息化管理、智能化应用，提高技术水平和工程质量，促进建筑产业转型升级。

(二)基本原则。

坚持市场主导、政府推动。适应市场需求,充分发挥市场在资源配置中的决定性作用,更好发挥政府规划引导和政策支持作用,形成有利的体制机制和市场环境,促进市场主体积极参与、协同配合,有序发展装配式建筑。

坚持分区推进、逐步推广。根据不同地区的经济社会发展状况和产业技术条件,划分重点推进地区、积极推进地区和鼓励推进地区,因地制宜、循序渐进,以点带面、试点先行,及时总结经验,形成局部带动整体的工作格局。

坚持顶层设计、协调发展。把协同推进标准、设计、生产、施工、使用维护等作为发展装配式建筑的有效抓手,推动各个环节有机结合,以建造方式变革促进工程建设全过程提质增效,带动建筑业整体水平的提升。

(三)工作目标。以京津冀、长三角、珠三角三大城市群为重点推进地区,常住人口超过300万的其他城市为积极推进地区,其余城市为鼓励推进地区,因地制宜发展装配式混凝土结构、钢结构和现代木结构等装配式建筑。力争用10年左右的时间,使装配式建筑占新建建筑面积的比例达到30%。同时,逐步完善法律法规、技术标准和监管体系,推动形成一批设计、施工、部品部件规模化生产企业,具有现代装配建造水平的工程总承包企业以及与之相适应的专业化技能队伍。

二、重点任务

(四)健全标准规范体系。加快编制装配式建筑国家标准、行业标准和地方标准,支持企业编制标准、加强技术创新,鼓励社会组织编制团体标准,促进关键技术和成套技术研究成果转化为标准规范。强化建筑材料标准、部品部件标准、工程标准之间的衔接。制修订装配式建筑工程定额等计价依据。完善装配式建筑防火抗震防灾标准。研究建立装配式建筑评价标准和方法。逐步建立完善覆盖设计、生产、施工和使用维护全过程的装配式建筑标准规范体系。

(五)创新装配式建筑设计。统筹建筑结构、机电设备、部品部件、装配施工、装饰装修,推行装配式建筑一体化集成设计。推广通用化、模数化、标准化设计方式,积极应用建筑信息模型技术,提高建筑领域各专业协同设计能力,加强对装配式建筑建设全过程的指导和服务。鼓励设计单位与科研院所、高校等联合开发装配式建筑设计技术和通用设计软件。

(六)优化部品部件生产。引导建筑行业部品部件生产企业合理布局,提高产业聚集度,培育一批技术先进、专业配套、管理规范的骨干企业和生产基地。支持部品部件生产企业完善产品品种和规格,促进专业化、标准化、规模化、信息化生产,优化物流管理,合理组织配送。积极引导设备制造企业研发部品部件生产装备机具,提高自动化和柔性加工技术水平。建立部品部件质量验收机制,确保产品质量。

(七)提升装配施工水平。引导企业研发应用与装配式施工相适应的技术、设备和机具,提高部品部件的装配施工连接质量和建筑安全性能。鼓励企业创新施工组织方式,推行绿色施工,应用结构工程与分部分项工程协同施工新模式。支持施工企业总结编制施工工法,提高装配施工技能,实现技术工艺、组织管理、技能队伍的转变,打造一批具有较高装配施工技术水平的骨干企业。

(八)推进建筑全装修。实行装配式建筑装饰装修与主体结构、机电设备协同施工。积极推广标准化、集成化、模块化的装修模式,促进整体厨卫、轻质隔墙等材料、产品和设备管线集成化技术的应用,提高装配化装修水平。倡导菜单式全装修,满足消费者个性化需求。

(九)推广绿色建材。提高绿色建材在装配式建筑中的应用比例。开发应用品质优良、节能环保、功能良好的新型建筑材料,并加快推进绿色建材评价。鼓励装饰与保温隔热材料一体化应用。推广应用高性能节能门窗。强制淘汰不符合节能环保要求、质量性能差的建筑材料,确保安全、绿色、环保。

(十)推行工程总承包。装配式建筑原则上应采用工程总承包模式,可按照技术复杂类工程项目招投标。工程总承包企业要对工程质量、安全、进度、造价负总责。要健全与装配式建筑总承包相适应的发包承包、施工许可、分包管理、工程造价、质量安全监管、竣工验收等制度,实现工程设计、部品部件生产、施工及采购的统一管理和深度融合,优化项目管理方式。鼓励建立装配式建筑产业技术创新联盟,加大研发投入,增强创新能力。支持大型设计、施工和部品部件生产企业通过调整组织架构、健全管理体系,向具有工程管理、设计、施工、生产、采购能力的工程总承包企业转型。

(十一)确保工程质量安全。完善装配式建筑工程质量安全管理制度,健全质量安全责任体系,落实各方主体质量安全责任。加强全过程监管,建设和监理等相关方可采用驻厂监造等方式加强部品部件生产质量管控;施工企业要加强施工过程质量安全控制和检验检测,完善装配施工质量保证体系;在建筑物明显部位设置永久性标牌,公示质量安全责任主体和主要责任人。加强行业监管,明确符合装配式建筑特点的施工图审查要求,建立全过程质量追溯制度,加大抽查抽测力度,严肃查处质量安全违法违规行为。

三、保障措施

(十二)加强组织领导。各地区要因地制宜研究提出发展装配式建筑的目标和任务,建立健全工作机制,完善配套政策,组织具体实施,确保各项任务落到实处。各有关部门要加大指导、协调和支持力度,将发展装配式建筑作为贯彻落实中央城市工作会议精神的重要工作,列入城市规划建设管理工作监督考核指标体系,定期通报考核结果。

(十三)加大政策支持。建立健全装配式建筑相关法律法规体系。结合节能减排、产业发展、科技创新、污染防治等方面政策,加大对装配式建筑的支持力度。支持符合高新技术企业条件的装配式建筑部品部件生产企业享受相关优惠政策。符合新型墙体材料目录的部品部件生产企业,可按规定享受增值税即征即退优惠政策。在土地供应中,可将发展装配式建筑的相关要求纳入供地方案,并落实到土地使用合同中。鼓励各地结合实际出台支持装配式建筑发展的规划审批、土地供应、基础设施配套、财政金融等相关政策措施。政府投资工程要带头发展装配式建筑,推动装配式建筑"走出去"。在中国人居环境奖评选、国家生态园林城市评估、绿色建筑评价等工作中增加装配式建筑方面的指标要求。

(十四)强化队伍建设。大力培养装配式建筑设计、生产、施工、管理等专业人才。鼓励高等学校、职业学校设置装配式建筑相关课程，推动装配式建筑企业开展校企合作，创新人才培养模式。在建筑行业专业技术人员继续教育中增加装配式建筑相关内容。加大职业技能培训资金投入，建立培训基地，加强岗位技能提升培训，促进建筑业农民工向技术工人转型。加强国际交流合作，积极引进海外专业人才参与装配式建筑的研发、生产和管理。

（十五）做好宣传引导。通过多种形式深入宣传发展装配式建筑的经济社会效益，广泛宣传装配式建筑基本知识，提高社会认知度，营造各方共同关注、支持装配式建筑发展的良好氛围，促进装配式建筑相关产业和市场发展。

国务院办公厅
2016 年 9 月 27 日

附录3 2016—2017年建筑业最新政策法规概览

1. 2016年9月30日,《国务院办公厅关于大力发展装配式建筑的指导意见》(国办发〔2016〕71号)发布。《指导意见》指出,装配式建筑是用预制部品部件在工地装配而成的建筑。发展装配式建筑是建造方式的重大变革,是推进供给侧结构性改革和新型城镇化发展的重要举措,有利于节约资源能源、减少施工污染、提升劳动生产效率和质量安全水平,有利于促进建筑业与信息化工业化深度融合、培育新产业新动能、推动化解过剩产能。《指导意见》要求,按照适用、经济、安全、绿色、美观的要求,推动建造方式创新,大力发展装配式混凝土建筑和钢结构建筑,在具备条件的地方倡导发展现代木结构建筑,不断提高装配式建筑在新建建筑中的比例。坚持市场主导、政府推动,坚持分区推进、逐步推广,坚持顶层设计、协调发展。《指导意见》提出,以京津冀、长三角、珠三角三大城市群为重点推进地区,常住人口超过300万的其他城市为积极推进地区,其余城市为鼓励推进地区,因地制宜发展装配式混凝土结构、钢结构和现代木结构等装配式建筑。力争用10年左右的时间,使装配式建筑占新建建筑面积的比例达到30%。同时,逐步完善法律法规、技术标准和监管体系,推动形成一批设计、施工、部品部件规模化生产企业,具有现代装配建造水平的工程总承包企业以及与之相适应的专业化技能队伍。《指导意见》还确定了健全标准规范体系、创新装配式建筑设计、优化部品部件生产、提升装配施工水平、推进建筑全装修、推广绿色建材、推行工程总承包、确保工程质量安全等重点任务。

2. 2017年2月24日,《国务院办公厅关于促进建筑业持续健康发展的意见》(国办发〔2017〕19号)发布。《意见》指出,建筑业是国民经济的支柱产业。改革开放以来,我国建筑业快速发展,建造能力不断增强,产业规模不断扩大,吸纳了大量农村转移劳动力,带动了大量关联产业，对经济社会发展、城乡建设和民生改善作出了重要贡献。但也要看到，建筑业仍然大而不强，监管体制机制不健全、工程建设组织方式落后、建筑设计水平有待提高、质量安全事故时有发生、市场违法违规行为较多、企业核心竞争力不强、工人技能素质偏低等问题较为突出。《意见》提出，坚持以推进供给侧结构性改革为主线，按照适用、经济、安全、绿色、美观的要求，深化建筑业"放管服"改革，完善监管体制机制，优化市场环境，提升工程质量安全水平，强化队伍建设，增强企业核心竞争力，促进建筑业持续健康发展，打造"中国建造"品牌。《意见》要求，深化建筑业简政放权改革，优化资质资格管理，完善招标投标制度；完善工程建设组织模式，加快推行工程总承包，培育全过程工程咨询；加强工程质量安全管理，严格落实工程质量责任，加强安全生产管理，全面提高监管水平；优化建筑市场环境，建立统一开放市场，加强承包履约管理，规范工程价款结算；提高从业人员素质，加快培养建筑人才，改革建筑用工制度，保护工人合法权益；推进建筑产业现代化，推广智能和装配式建筑，提升建筑设计水平，加强技术研发应用，完善工程建设标准；加快建筑业企业"走出去"，加强中外标准衔接，提高对外承包能力，加大政策扶持力度。

3. 2017年1月24日，住房和城乡建设部颁布修订后的《建筑工程设计招标投标管理办法》（住房和城乡建设部令第33号）。《办法》规定，建筑工程设计招标可以采用设计方案招标或者设计团队招标，招标人可以根据项目特点和实际需要选择。招标人一般应当将建筑工程的方案设计、初步设计和施工图设计一并招标。确需另行选择设计单位承担初步设计、施工图设计的，应当在招标公告或者投标邀请书中明确。鼓励建筑工程实行设计总包。实行设计总包的，按照合同约定或者经招标人同意，设计单位可以不通过招标方式将建筑工程非主体部分的设计进行分包。《办法》要求，评标由评标委员会负责。评标委员会由招标人代表和有关专家组成。评标委员会人数为5人以上单数，其中技术和经济方面的专家不得少于成员总数的2/3。建筑工程设计方案评标时，建筑专业专家不得少于技术和经济方面专家总数的2/3。评标专家一般从专家库随机抽取，对于技术复杂、专业性强或者国家有特殊要求的项目,招标人也可以直接邀请相应专业的中国科学院院士、中国工程院院士、全国工程勘察设计大师以及境外具有相应资历的专家参加评标。采用设计方案招标的,评标委员会应当在符合城乡规划、城市设计以及安全、绿色、节能、环保要求的前提下,重点对功能、技术、经济和美观等进行评审。采用设计团队招标的,评标委员会应当对投标人拟从事项目设计的人员构成、人员业绩、人员从业经历、项目解读、设计构思、投标人信用情况和业绩等进行评审。评标委员会应当在评标完成后,向招标人提出书面评标报告,推荐不超过3个中标候选人,并标明顺序。招标人根据评标委员会的书面评标报告和推荐的中标候选人确定中标人。招标人也可以授权评标委员会直接确定中标人。采用设计方案招标的,招标人认为评标委员会推荐的候选方案不能最大限度满足招标文件规定的要求的,应当依法重新招标。《办法》还规定,县级以上地方人民政府住房城乡建设主管部门应当自收到招标投标情况的书面报告之日起5个工作日内,公开专家评审意见等信息。招标人、中标人使用未中标方案的,应当征得提交方案的投标人同意并付给使用费。《办法》对于法律法规禁止的行为,明确了相关法律责任。《办法》自2017年5月1日起施行。

4. 2016年8月9日,住房和城乡建设部印发《关于深化工程建设标准化工作改革的意见》(建标〔2016〕166号)。《意见》明确了工程建设标准化工作改革的指导思想、基本原则,提出了工程建设标准化工作改革的总体目标:标准体制适应经济社会发展需要,标准管理制度完善、运行高效,标准体系协调统一、支撑有力。按照政府制定强制性标准、社会团体制定自愿采用性标准的长远目标,到2020年,适应标准改革发展的管理制度基本建立,重要的强制性标准发布实施,政府推荐性标准得到有效精简,团体标准具有一定规模。到2025年,以强制性标准为核心、推荐性标准和团体标准相配套的标准体系初步建立,标准有效性、先进性、适用性进一步增强,标准国际影响力和贡献力进一步提升。《意见》还明确了工程建设标准化工作改革的任务要求:一是改革强制性标准。加快制定全文强制性标准,逐步用全文强制性标准取代现行标准中分散的强制性条文。二是构建强制性标准体系。强制性标准体系框架，应覆盖各类工程项目和建设环节，实行动态更新维护。体系框架由框架图、项目表和项目说明组成。框架图应细化到具体标准项目，项目表应明确标准的状态和编号，项目说明应包括适用范围、主要内容等。三是优化完善推荐性标准。推荐性国家标准、行业标准、地方标准体系要形成有机整体，合理界定各领域、各层级推荐性标准的制定范围。要清理现行标准，缩减推荐性标准数量和规模，逐步向政府职责范围内的公益类标准过渡。四是培育发展团体标准。改变标准由政府单一供给模式，对团体标准制定不设行政审批。鼓励具有社团法人资格和相应能力的协会、学会等社会组织，根据行业发展和市场需求，按照公开、透明、协商一致原则，主动承接政府转移的标准，制定新技术和市场缺失的标准，供市场自愿选用。五是全面提升标准水平。增强能源资源节约、生态环境保护和长远发展意识，妥善处理好标准水平与固定资产投资的关系，更加注重标准先进性和前瞻性，适度提高标准对安全、质量、性能、健康、节能等强制性指标要求。六是强化标准质量管理和信息公开。要加强标准编制管理，改进标准起草、技术审查机制，完善政策性、协调性审核制度，规范工作规则和流程，明确工作要求和责任，避免标准内容重复矛盾。对同一事项作规定的，行业标准要严于国家标准，地方标准要严于行业标准和国家标准。充分运用信息化手段，强化标准制修订信息共享，加大标准立项、专利技术采用等标准编制工作透明度和信息公开力度。完善已发布标准的信息公开机制，除公开出版外，要提供网上免费查询。七是推进标准国际化。积极开展中外标准对比研究，借鉴国外先进技术，跟踪国际标准发展变化，结合国情和经济技术可行性，缩小中国标准与国外先进标准技术差距。标准的内容结构、要素指标和相关术语等，要适应国际通行做法，提高与国际标准或发达国家标准的一致性。要推动中国标准"走出去"，完善标准翻译、审核、发布和宣传推广工作机制，鼓励重要标准与制修订同步翻译。加强沟通协调，积极推动与主要贸易国和"一带一路"沿线国家之间的标准互认、版权互换。

5. 2016年8月23日，《住房城乡建设部关于印发2016—2020年建筑业信息化发展纲要的通知》（建质函［2016］83号）下发。《纲要》提出,"十三五"时期,全面提高建筑业信息化水平,着力增强BIM、大数据、智能化、移动通信、云计算、物联网等信息技术集成应用能力,建筑业数字化、网络化、智能化取得突破性进展,初步建成一体化行业监管和服务平台,数据资源利用水平和信息服务能力明显提升,形成一批具有较强信息技术创新能力和信息化应用达到国际先进水平的建筑企业及具有关键自主知识产权的建筑业信息技术企业。《纲要》围绕企业信息化、行业监管与服务信息化、专项信息技术应用、信息化标准四个方面提出了主要任务。"企业信息化"方面,《纲要》对勘察设计类企业、施工类企业、工程总承包类企业分别提出了信息化建设的主要任务。"行业监管与服务信息化"方面,《纲要》从建筑市场监管、工程建设监管、重点工程信息化、建筑产业现代化、行业信息共享与服务等方面提出主要任务。"专项信息技术应用"方面,《纲要》突出大数据、云计算、物联网、3D打印、智能化技术在建筑业应用发展的重点。"信息化标准"方面,《纲要》提出,强化建筑行业信息化标准顶层设计,继续完善建筑业行业与企业信息化标准体系,结合BIM等新技术应用,重点完善建筑工程勘察设计、施工、运维全生命期的信息化标准体系,为信息资源共享和深度挖掘奠定基础。加快相关信息化标准的编制,重点编制和完善建筑行业及企业信息化相关的编码、数据交换、文档及图档交付等基础数据和通用标准。继续推进BIM技术应用标准的编制工作,结合物联网、云计算、大数据等新技术在建筑行业的应用,研究制定相关标准。

6. 2016年10月14日,《住房城乡建设部关于简化建筑业企业资质标准部分指标的通知》(建市[2016]226号)下发。《通知》规定,除各类别最低等级资质外,取消关于注册建造师、中级以上职称人员、持有岗位证书的现场管理人员、技术工人的指标考核。取消通信工程施工总承包三级资质标准中关于注册建造师的指标考核。调整建筑工程施工总承包一级及以下资质的建筑面积考核指标。对申请建筑工程、市政公用工程施工总承包特级、一级资质的企业,未进入全国建筑市场监管与诚信信息发布平台的企业业绩,不作为有效业绩认定。省级住房城乡建设主管部门要加强本地区工程项目数据库建设,完善数据补录办法,使真实有效的企业业绩及时进入全国建筑市场监管与诚信信息发布平台。《通知》要求，各级住房城乡建设主管部门要进一步加强事中事后监管，加强对施工现场主要管理人员在岗履职的监督检查，重点加强对项目经理是否持注册建造师证书上岗、在岗执业履职等行为的监督检查。对有违法违规行为的企业，依法给予罚款、停业整顿、降低资质等级、吊销资质证书等行政处罚；对有违法违规行为的注册建造师，依法给予罚款、暂停执业、吊销注册执业资格证书等行政处罚；要将企业和个人不良行为记入信用档案并向社会公布，切实规范建筑市场秩序，保障工程质量安全。《通知》自 2016 年 11 月 1 日起实施。

7. 2016 年 11 月 24 日，《住房城乡建设部关于促进建筑工程设计事务所发展有关事项的通知》（建市〔2016〕261 号）下发。《通知》简化了《工程设计资质标准》（建市〔2007〕86 号）中建筑工程设计事务所资质标准指标。减少建筑师等注册人员数量，放宽注册人员年龄限制，取消技术装备、标准体系等指标的考核。《通知》规定，招标人不得以不合理的条件限制或排斥建筑工程设计事务所参加资质许可范围内各类建筑工程设计投标。《通知》还要求，各级住房城乡建设主管部门要进一步完善建筑工程设计事务所相关配套政策，建立健全工程设计责任保险制度，促进建筑工程设计事务所健康发展。《通知》自 2017 年 3 月 1 日起施行。

8. 2017 年 3 月 3 日，《住房城乡建设部关于印发工程质量安全提升行动方案的通知》（建质〔2017〕57 号）下发。《行动方案》提出，通过开展工程质量安全提升行动（以下简称提升行动），用 3 年左右时间，进一步完善工程质量安全管理制度，落实工程质量安全主体责任，强化工程质量安全监管，提高工程项目质量安全管理水平，提高工程技术创新能力，使全国工程质量安全总体水平得到明显提升。《行动方案》明确了重点任务：一是落实主体责任。进一步完善工程质量安全管理制度和责任体系，全面落实各方主体的质量安全责任，特别是要强化建设单位的首要责任和勘察、设计、施工单位的主体责任。严格落实工程质量终身责任，进一步完善工程质量终身责任制，加大质量责任追究力度。二是提升项目管理水平。提升建筑设计水平，贯彻落实"适用、经济、绿色、美观"的新时期建筑方针，倡导开展建筑评论，促进建筑设计理念的融合和升华。探索建立大型公共建筑工程后评估制度。推进工程质量管理标准化，完善工程质量管控体系，建立质量管理标准化制度和评价体系，推进质量行为管理标准化和工程实体质量控制标准化。构建风险分级管控和隐患排查治理双重预防工作机制，落实企业质量安全风险自辨自控、隐患自查自治责任。三是提升技术创新能力。推进信息化技术应用，以技术进步支撑装配式建筑、绿色建造等新型建造方式发展。推进减隔震技术应用，加强工程建设和使用维护管理，建立减隔震装置质量检测制度，提高减隔震工程质量。四是健全监督管理机制。加强政府监管，完善施工图设计文件审查制度，规范设计变更行为。开展监理单位向政府主管部门报告质量监理情况的试点，充分发挥监理单位在质量控制中的作用。加强工程质量检测管理，严厉打击出具虚假报告等行为。推进质量安全诚信体系建设，建立健全信用评价和惩戒机制，强化信用约束。推行"双随机、一公开"检查方式，加大抽查抽测力度，加强工程质量安全监督执法检查。鼓励采取政府购买服务的方式，委托具备条件的社会力量进行监督检查。完善监督层级考核机制，落实监管责任。《行动方案》要求，各地住房城乡建设主管部门要因地制宜制定具体实施方案，全面动员部署提升行动。要加强监督检查，强化责任落实。各市、县住房城乡建设主管部门要在加强日常监督检查、抽查抽测的基础上，每半年对本地区在建工程项目全面排查一次；各省、自治区、直辖市住房城乡建设主管部门每半年对本行政区域工程项目进行一次重点抽查和提升行动督导检查。住房城乡建设部每年组织一次全国督查，并定期通报各地开展提升行动的进展情况。

9. 2017年3月10日，《住房城乡建设部 民航局关于进一步开放民航工程设计市场的通知》（建市［2017］66号）下发。《通知》简化了《工程设计资质标准》（建市［2007］86号）中民航行业工程设计资质标准。取消原民航行业4项专业资质，调整后的民航行业工程设计资质只保留行业甲级、乙级资质，不再设专业资质。下调原民航行业工程设计主要专业技术人员配备标准，调整原民航行业建设项目设计规模划分。乙级设计企业在申请甲级设计资质时，主导专业非注册人员的个人业绩,考核其作为专业技术负责人主持过中型以上项目不少于3项,不考核其大型项目不少于1项的要求。《通知》规定,现有民航行业工程设计的行业、专业资质在资质证书有效期内继续有效,其承接业务范围以原资质许可范围为准。企业应当在资质证书有效期届满60日前提出申请,直接换发有效期5年的相应级别资质证书,供油工程专业资质可以申请换发化工石化医药行业石油及化工产品储运专业资质。具有化工石化医药行业石油及化工产品储运专业资质的企业,可以承接民航供油工程设计业务。具有工程设计综合甲级资质的企业,可以按照规定承担相应的民航行业工程设计业务。《通知》要求,住房城乡建设主管部门、民航主管部门应当依据职责,加强对民航行业工程设计资质的管理,强化事中事后监督。民航主管部门应当加强对民航工程设计活动的监督管理,规范民航工程设计市场秩序。

10. 2017年4月26日,住房城乡建设部印发《建筑业发展"十三五"规划》(建市〔2017〕98号)。《规划》明确了"十三五"时期建筑业发展的指导思想、基本原则,提出了市场规模目标、产业结构调整目标、技术进步目标、建筑节能及绿色建筑发展目标、建筑市场监管目标、质量安全监管目标等发展目标。《规划》还明确了"十三五"时期的主要任务:深化建筑业体制机制改革、推动建筑产业现代化、推进建筑节能与绿色建筑发展、发展建筑产业工人队伍、深化建筑业"放管服"改革、提高工程质量安全水平、促进建筑业企业转型升级、积极开拓国际市场、发挥行业组织服务和自律作用。

11. 2017年5月2日,住房城乡建设部印发《工程勘察设计行业发展"十三五"规划》(建市〔2017〕102号)。《规划》明确了"十三五"时期工程勘察设计行业发展的指导思想、基本原则。提出了优化产业结构,优化市场环境,深化企业体制改革,建立自主创新体系,提高建筑设计水平,提升综合服务能力,推进行业与信息化、互联网+深度融合,加强人才队伍建设,构建新型标准体系等发展目标。《规划》还明确了"十三五"时期的主要任务和政策措施:优化市场环境,规范市场秩序;坚持建筑方针,加强建筑设计管理;推进科技创新,提高服务水平;推进管理创新,实现转型发展;加强工程监管,确保勘察设计质量;推进信息化建设,实现互联网+融合;创新人才培养机制,提高从业人员素质;推进标准改革,推动标准走出去。

12. 2017年6月20日,住房城乡建设部、财政部印发修订后的《建设工程质量保证金管理办法》(建质〔2017〕138号)。《管理办法》所称建设工程质量保证金(以下简称保证金)是指发包人与承包人在建设工程承包合同中约定,从应付的工程款中预留,用以保证承包人在缺陷责任期内对建设工程出现的缺陷进行维修的资金。缺陷是指建设工程质量不符合工程建设强制性标准、设计文件,以及承包合同的约定。缺陷责任期一般为1年,最长不超过2年,由发、承包双方在合同中约定。缺陷责任期从工程通过竣工验收之日起计。由于承包人原因导致工程无法按规定期限进行竣工验收的,缺陷责任期从实际通过竣工验收之日起计。由于发包人原因导致工程无法按规定期限进行竣工验收的,在承包人提交竣工验收报告90天后,工程自动进入缺陷责任期。《管理办法》规定,发包人应当在招标文件中明确保证金预留、返还等内容,并与承包人在合同条款中对涉及保证金的下列事项进行约定:(1)保证金预留、返还方式;(2)保证金预留比例、期限;(3)保证金是否计付利息,如计付利息,利息的计算方式;(4)缺陷责任期的期限及计算方式;(5)保证金预留、返还及工程维修质量、费用等争议的处理程序;(6)缺陷责任期内出现缺陷的索赔方式;(7)逾期返还保证金的违约金支付办法及违约责任。《管理办法》还规定,缺陷责任期内,实行国库集中支付的政府投资项目,保证金的管理应按国库集中支付的有关规定执行。其他政府投资项目,保证金可以预留在财政部门或发包方。缺陷责任期内,如发包方被撤销,保证金随交付使用资产一并移交使用单位管理,由使用单位代行发包人职责。社会投资项目采用预留保证金方式的,发、承包双方可以约定将保证金交由第三方金融机构托管。推行银行保函制度,承包人可以银行保函替代预留保证金。在工程项目竣工前,已经缴纳履约保证金的,发包人不得同时预留工程质量保证金。采用工程质量保证担保、工程质量保险等其他保证方式的,发包人不得再预留保证金。《管理办法》要求,发包人应按照合同约定方式预留保证金,保证金总预留比例不得高于工程价款结算总额的3%。合同约定由承包人以银行保函替代预留保证金的，保函金额不得高于工程价款结算总额的3%。《管理办法》还要求，发包人在接到承包人返还保证金申请后，应于14天内会同承包人按照合同约定的内容进行核实。如无异议，发包人应当按照约定将保证金返还给承包人。对返还期限没有约定或者约定不明确的，发包人应当在核实后14天内将保证金返还承包人，逾期未返还的，依法承担违约责任。发包人在接到承包人返还保证金申请后14天内不予答复，经催告后14天内仍不予答复，视同认可承包人的返还保证金申请。《管理办法》自2017年7月1日起施行。

附录4 部分国家建筑业情况

法国、德国、英国和日本建筑业增加值及其在GDP中的比重　　附表1

年份	法国		德国		英国		日本	
	建筑业增加值（十亿欧元）	占GDP比重(%)	建筑业增加值（十亿欧元）	占GDP比重(%)	建筑业增加值（十亿英镑）	占GDP比重(%)	建筑业增加值（十亿日元）	占GDP比重(%)
2009	110.00	5.67	93.56	3.81	82.57	5.57	26900	5.71
2010	109.00	5.45	102.00	3.96	83.87	5.38	26200	5.43
2011	111.00	5.39	109.00	4.04	86.79	5.37	26500	5.62
2012	115.00	5.5	111.00	4.04	83.22	5.03	26700	5.64
2013	114.00	5.39	115.00	4.09	85.88	5.01	27914	5.86
2014	108.32	5.67	120.74	4.60	100.60	6.22	27733	5.86
2015	106.16	5.44	124.76	4.57	101.94	6.12	31185	5.92

数据来源：National Accounts Official Country Data, United Nations Statistics Division

2012—2016年法国和德国营建产出及其增长率（2010年=100）　　附表2

年月	法国		德国	
	营建产出	同比增长率	营建产出	同比增长率
2012/1	97.29	−5.5	107.5	5.3
2012/2	84.5	−17.14	97.7	−10.8
2012/3	94.45	−5.06	112.1	5.5
2012/4	93.8	−5.15	105.7	−0.9
2012/5	93.35	−6.76	106.9	−1.2
2012/6	93.22	−3.09	106.6	0.9
2012/7	93.84	−3.72	107.8	0.3
2012/8	95.69	−3.37	105.7	−0.8
2012/9	92.98	−4.56	107.4	0.6
2012/10	92.76	−3.58	106.2	−2.1

续表

年月	法国		德国	
	营建产出	同比增长率	营建产出	同比增长率
2012/11	93.61	−4.16	105.5	−4.4
2012/12	94.98	1	101.9	−4.7
2013/1	88.44	−9.1	102.7	−6.4
2013/2	92.74	9.75	101.3	5.9
2013/3	91.94	−2.66	97.8	−13.2
2013/4	93.95	0.16	105.8	0.2
2013/5	92.99	−0.39	105.4	−1.5
2013/6	94.58	1.46	106.8	0.2
2013/7	95.12	1.36	109	1.1
2013/8	95.39	−0.31	108.3	2.1
2013/9	95.43	2.63	107.9	0.2
2013/10	93.77	1.09	106.4	0.1
2013/11	93.69	0.09	107.4	1.4
2013/12	95.3	0.34	108.8	5.9
2014/1	92.61	4.72	111.2	13.6
2014/2	94.1	1.47	113	16.7
2014/3	93.28	1.46	110	13.3
2014/4	92.43	−1.62	109.3	3.4
2014/5	89.81	−3.42	106.2	0.7
2014/6	91.52	−3.24	107.8	0.8
2014/7	90.66	−4.69	108.2	−0.6
2014/8	89.99	−5.66	107.1	−1.2
2014/9	88.63	−7.13	107.1	−0.8
2014/10	88.89	−5.2	106.6	0
2014/11	87.3	−6.82	107.1	−0.4
2014/12	88.54	−7.09	108.4	−0.6
2015/1	87.7	−5.3	108.2	−3.4
2015/2	87.42	−7.1	105.7	−8
2015/3	88.58	−5.04	107.6	−2.1

续表

年月	法国		德国	
	营建产出	同比增长率	营建产出	同比增长率
2015/4	86.82	−6.07	106.4	−2.7
2015/5	87.52	−2.55	106.3	0.1
2015/6	86.13	−5.89	104.1	−3.4
2015/7	86.66	−4.41	104.9	−2.8
2015/8	84.34	−6.28	105.8	−1.3
2015/9	86.25	−2.69	104	−2.6
2015/10	86.59	−2.59	105.6	−0.8
2015/11	87.82	0.6	107.1	0
2015/12	84.73	−4.3	106.7	−1.5
2016/1	90.74	0.57	109.3	0.1
2016/2	84.96	−3.09	111.9	8.3
2016/3	82.16	−7.51	111.3	3.4
2016/4	84.30	−3.16	109.7	2.0
2016/5	86.06	−3.05	108.8	1.0
2016/6	85.66	−1.93	109.0	2.5
2016/7	88.29	1.68	110.2	3.1
2016/8	89.36	5.73	109.7	2.2
2016/9	87.81	1.08	109.5	2.8
2016/10	89.42	2.81	108.5	2.2
2016/11	89.60	1.45	108.7	1.6
2016/12	88.90	3.49	108.0	0.1

数据来源：Wind 资讯

2005—2014 年美国新建筑完工量价值（单位：十亿美元） 附表 3

年份	新建筑完工量价值	公共部门新建筑完工量价值	公共部门新建筑完工量价值占比	私人部门新建筑完工量价值	私人部门新建筑完工量价值占比
2005	1104.14	234.16	21.21%	869.97	78.79%
2006	1167.22	255.38	21.88%	911.83	78.12%
2007	1152.35	289.07	25.09%	863.27	74.91%

续表

年份	新建筑完工量价值	公共部门新建筑完工量价值	公共部门新建筑完工量价值占比	私人部门新建筑完工量价值	私人部门新建筑完工量价值占比
2008	1068.43	308.73	28.90%	759.69	71.10%
2009	904.93	314.89	34.80%	590.03	65.20%
2010	806.03	303.96	37.71%	502.07	62.29%
2011	788.34	286.40	36.33%	501.93	63.67%
2012	861.24	279.31	32.43%	581.93	67.57%
2013	910.76	269.61	29.60%	641.14	70.40%
2014	960.58	273.93	28.52%	686.64	71.48%

数据来源：CEIC 全球数据库

美国建筑业增加值及占 GDP 比重（单位：百万美元，%）　附表 4

年份	建筑业增加值	建筑业增加值占 GDP 比重(%)
1997	340697	3.96
1998	380461	4.19
1999	418395	4.33
2000	462338	4.50
2001	488008	4.59
2002	494856	4.51
2003	527133	4.58
2004	587529	4.79
2005	654105	5.00
2006	698228	5.04
2007	714988	4.94
2008	652984	4.44
2009	577295	4.00
2010	541617	3.62
2011	546614	3.52
2012	586676	3.63
2013	619923	3.70
2014	664000	3.83

数据来源：U. S. Census Bureau of the Department of Commerce

日本以投资者分类的新开工建筑面积（单位：千平方米）　附表5

年份	总计	中央政府	都道府县	市町村	企业	非企业团体	个人
1985	199560	4525	4703	11234	66998	11193	100907
1990	283421	4591	5542	12878	128226	12870	119315
1995	228145	4505	5754	11045	80475	13438	112927
2000	200259	3815	3791	8115	79295	14200	91043
2005	186058	1695	1975	5591	93126	11379	72293
2009	115486	1472	1641	4920	47428	7720	52306
2010	121455	1178	1751	5343	48751	10278	54154
2011	126509	1207	1963	5299	51874	12379	53786
2012	132609	1168	1867	5567	57752	10933	55321
2013	147673	1299	2030	6257	63439	12287	62360
2014	134021	1122	2308	6286	59960	12218	52127
2015	129624	876	1667	4803	61894	9107	51277

数据来源：日本统计年鉴2017

日本以投资者分类的新开工建筑成本估计值（单位：十亿日元）

附表6

年份	总计	中央政府	都道府县	市町村	企业	非企业团体	个人
1985	23223	647	661	1626	7764	1473	11053
1990	49291	890	1088	2553	24302	2618	17840
1995	37892	985	1335	2752	11737	2691	18391
2000	31561	849	836	1836	10569	2790	14682
2005	28027	305	397	1073	12694	2058	11500
2009	20407	314	341	1069	8192	1622	8869
2010	20691	236	382	1164	7735	1999	9175
2011	21303	230	408	1151	7932	2427	9154
2012	22026	228	389	1186	8550	2177	9496
2013	25436	302	460	1436	9773	2599	10866
2014	24606	264	534	1607	9934	2892	9375
2015	25139	247	409	1271	11450	2321	9441

数据来源：日本统计年鉴2017

日本以构造类型分类的新开工建筑面积（单位：千平方米）　　　附表7

年份	木质建筑	钢结构或者混凝土建筑	混凝土建筑	钢结构建筑	混凝土砌块建筑	其他
1985	70493	17748	42571	67926	528	293
1990	85397	32288	58061	106841	460	374
1995	84167	17775	43847	81575	351	431
2000	72023	17245	37565	72804	156	465
2005	63270	5440	46640	70067	101	540
2009	48225	2753	24280	39693	79	456
2010	52255	2818	25190	40609	88	494
2011	52799	2982	28994	41115	87	532
2012	54804	2404	29891	44753	103	653
2013	61969	3424	29846	51529	123	783
2014	53498	3201	27224	49225	93	780
2015	53615	2781	23233	49077	90	828

数据来源：日本统计年鉴2017

日本以构造类型分类的新开工建筑成本估计值（单位：十亿日元）

附表8

年份	木质建筑	钢结构或者混凝土建筑	混凝土建筑	钢结构建筑	混凝土砌块建筑	其他
1985	7352	3057	6155	6586	51	22
1990	11248	9260	12947	15753	51	32
1995	13328	4067	8726	11682	44	45
2000	11454	3523	6861	9636	27	60
2005	9616	1010	8000	9305	12	84
2009	7554	730	5318	6731	13	60
2010	8182	638	5187	6622	13	49
2011	8280	711	5712	6537	13	50
2012	8642	537	5798	6967	19	62
2013	9911	877	6083	8467	19	79
2014	8722	884	6209	8688	16	86
2015	8868	908	5583	9683	15	82

数据来源：日本统计年鉴2017